Le monde
entre les mains

Hugo Lloris

Le monde entre les mains

En collaboration
avec Vincent Duluc

Stock

Ouvrage dirigé
par Benoît Heimermann

Photographie : Yannick Faraut
Graphisme : Julia Bourdet

ISBN : 978-2-234-09710-0

I

Soir de finale

Je me souviens de la douleur. Elle ne m'a pas laissé l'oublier, elle est encore là. Je me revois, dans le vestiaire du stade de Lusail, près de Doha, chercher la solitude au milieu de la tristesse de tous les autres. Perdre une finale de Coupe du monde est la plus grande défaite d'une vie de footballeur. Elle enveloppe les perdants d'un silence comme un deuil. Quatre ans plus tôt, à Moscou, j'étais dans le vestiaire d'en face, celui des champions du monde, au cœur des chants et du bonheur. Mais en ce 18 décembre 2022, une semaine avant Noël, huit jours avant de fêter mes 36 ans, de penser qu'il y avait beaucoup de bougies mais qu'il manquait une étoile, j'ai ressenti physiquement la morsure de la défaite contre l'Argentine. J'ai eu mal comme si je venais d'être transpercé, si mal que j'ai su tout de suite que la guérison serait lente, à condition qu'elle vienne, et que les cicatrices ne s'effaceraient pas. Quand le bruit des crampons sur le sol du vestiaire, qui faisait croire à des traces de vie, a fini par s'éteindre, chacun a commencé à se déshabiller dans ce silence lourd, mais il y avait longtemps qu'on avait tombé l'armure, nus face à la défaite. J'ai fini par me lever, me diriger vers le couloir des douches, pour essayer de me cacher du monde et des larmes. Je cherchais un autre silence, peut-être.

Quand on me demande à quel moment la défaite en finale de la Coupe du monde m'a fait le plus mal, je ne sais pas quoi répondre : ce n'était pas un moment particulier, c'était pendant trois jours, d'abord, et pendant très longtemps, après. La douleur s'est progressivement tapie dans le brouillard des jours suivants, comme si elle s'en était fait un cocon, mais elle ne s'est jamais éloignée. Il faudrait perdre une finale de Coupe du monde sans savoir ce qu'on a perdu, sans connaître le gouffre irréconciliable entre nos vainqueurs et nous, entre leur gloire et nos regrets. Il est douloureux de perdre ; il est très douloureux de perdre une finale à rebondissements, après tant d'espoir ; il est infiniment douloureux de perdre une finale de Coupe du monde ; il est incroyablement douloureux de perdre devant tous les gens qu'on aime. Marine et les enfants étaient arrivés dès le deuxième match ; mon père, sa compagne, Ester, et ma grand-mère les avaient rejoints à partir des huitièmes de finale. À présent que tout est terminé, chacun réalise combien c'était le voyage d'une vie, une immersion exceptionnelle auprès de nous, de moi, pendant toute la Coupe du monde. Ils s'en souviennent comme d'un paradis perdu. Ma mère et mon grand-père, qui ne sont plus là, ne sont jamais loin. Je pense à eux avant chaque match.

Après le dernier tir au but de l'Argentine, je me suis senti complètement vidé. Je n'avais pas envie d'être là, sur ce terrain où l'on venait de laisser nos forces et nos rêves. J'étais bouleversé par les vertiges de cet ascenseur émotionnel, de ce match comme un combat de boxe, avec des coups sans cesse, de la vitesse tout le temps, jamais de calcul, et ce sentiment de vivre toute une soirée sur un fil, et d'en tomber, soudain.

La souffrance de la défaite est multipliée pour un gardien après une séance de tirs au but. J'ai cherché du regard mes proches dans la tribune et j'ai vu qu'ils étaient aussi tristes que moi. Mon frère, Gautier, qui joue en Ligue 1 au Havre, était arrivé au dernier moment avec Clémence, son amie ; on ne se voit pas assez souvent, et on aurait espéré un autre dénouement. La finale a été un match historique, mais ce n'était pas l'histoire que je voulais. Plus tard, il m'est arrivé de croiser dans la rue des gens qui m'ont remercié pour la beauté et l'intensité des sentiments, qui m'ont assuré qu'il s'agissait du plus beau match qu'ils aient vécu dans leur vie. Quand je serai vieux, je serai peut-être capable de l'envisager comme ça. Mais pas encore : c'était une catastrophe, parce qu'on a perdu, parce qu'on a été nuls pendant quatre-vingts minutes, parce que la douleur était insupportable.

Dans le vestiaire, juste après, les anciens et les blessés qui étaient venus nous encourager, comme N'Golo Kanté ou Blaise Matuidi, ont tenté de nous consoler, mais ils savaient que c'était impossible. Dans ce silence absolu, il y a eu une agitation à la porte, et le président de la République est apparu. Il a tenu un discours émouvant, mais qui ne pouvait pas nous atteindre à ce moment-là, parce qu'on était inconsolables. Quand il a eu fini de parler, j'ai filé dans l'espace qui menait aux douches, comme si je pouvais m'arracher à la déception et la laisser dans la pièce d'à côté.

Olivier Giroud et Raphaël Varane m'ont rejoint, puis le coach, Didier Deschamps. Aucun de nous n'a fait de longues phrases. Le coach a soupiré : « J'aurais préféré perdre 3-0, qu'on n'en parle plus… » En fait, non, il ne l'aurait pas préféré, et nous non plus. Mais quand on revient d'aussi loin, de 0-2 à 2-2 en deux minutes, en fin de match, puis de 2-3 à 3-3 en fin de prolongations, on se dit qu'on va le réussir, ce truc inouï, même si on a tout raté pendant aussi longtemps. C'est toujours l'espoir qui fait le plus mal, et il est revenu, et il était immense, après quatre-vingts minutes. C'est parce qu'on s'est à ce point approchés de l'inimaginable, avant de nous en éloigner, puis de nous en approcher à nouveau, que la déception nous a submergés. On n'avait jamais vu une finale de Coupe du monde comme celle-là, et je pense qu'on n'en reverra jamais.

Après la douche, il a fallu que je parle à la presse : j'étais capitaine, c'était un soir de finale de Coupe du monde. J'ai dit ce que je pense toujours, que cela faisait mal, mais qu'il fallait être fier.

Je suis remonté dans le car, à ma place, à droite en entrant par le milieu. J'avais juste envie de retourner chez moi. Le soir, à l'hôtel, on s'est attablés mais je n'avais pas d'appétit, je n'étais pas vraiment là. Je n'ai envoyé balader personne, mais j'étais difficile à atteindre, je le sentais. Je suis allé me coucher en sachant que je ne dormirais pas. Heureusement, j'ai découvert depuis quelques années qu'au matin, le lendemain d'un jour ordinaire comme d'une finale de Coupe du monde, les enfants nous ramènent à la réalité : dès leur réveil, à l'heure du petit déjeuner, il faut être là pour eux. Le vol du retour aura été presque agréable, parce que, pour faire la transition entre cette grande odyssée collective et le retour à la vraie vie, mon fils de 3 ans a dormi sur moi, d'un sommeil enfantin qui m'a apaisé. C'était une douceur par-dessus les tourments.

En arrivant à Paris, le lundi, on a filé au balcon de l'hôtel Crillon, place de la Concorde, où la chaleur de milliers de personnes nous a fait du bien. Cela nous a rappelé qu'on avait vécu un grand moment et qu'on sortait d'une immense aventure. Et puis, pendant ces heures-là, la déception n'était pas seulement mienne : elle était encore partagée, soutenue par le groupe et divisée par le nombre. Durant ces heures à revivre chaque moment décisif de France-Argentine, en imaginant les deux centimètres qui auraient pu tout changer, je suis parfois parvenu à me dire que j'avais déjà remporté une finale de Coupe du monde, au moins, et qu'il aurait été terrible de perdre celle-là sans savoir si j'aurais une chance d'en gagner une autre, plus tard. Mais c'est ce que j'ai souhaité à tous les autres, à tous ceux qui n'étaient pas avec nous en 2018, sous la pluie et les confettis dorés de Moscou.

Je suis rentré à Londres le mardi matin sans savoir si je rejouerais un jour en équipe de France. La veille, je m'en étais ouvert pour la première fois à Franck Raviot, notre entraîneur des gardiens depuis 2010 :

« Franck, il y a de grandes chances que la finale ait été mon dernier match en bleu…

— Ne prends pas de décision à chaud, Hugo, ce n'est pas le moment. Passe du temps après des tiens, laisse-toi le temps de digérer. »

Deux jours après la finale, de retour à Londres, en famille, je n'avais absolument aucune nouvelle de Tottenham, mon club. Tout au long de la compétition, j'avais reçu régulièrement des messages de mes anciens entraîneurs, Mauricio Pochettino ou José Mourinho, mais rien d'Antonio Conte, mon entraîneur du moment. Pas un mot d'encouragement, ni de consolation après la finale. Je lui ai envoyé un message.

« *Coach, comment on fait pour la reprise ?*

De quoi as-tu besoin ?

Franchement, de dix jours, coach. Si c'est trop, on peut imaginer quelques jours maintenant, et quelques jours en janvier.

Écoute, on a un match de Premier League lundi prochain à Brentford. Ce serait bien pour l'équipe que tu reviennes dimanche à l'entraînement. Lundi, tu seras sur le banc, ça fera une reprise en douceur. »

J'ai bien senti la reprise, mais pas la douceur. J'ai repris l'entraînement le jour de Noël, dimanche 25 décembre. J'étais rentré chez moi le mardi, après trente-six jours de préparation et de compétition ; j'avais à récupérer de la plus grande déception et de la plus grande fatigue. Le club m'aura laissé quatre jours pleins pour le faire. Je les ai aimés, ces quatre jours. J'ai réussi à les passer loin de la tristesse. Une promenade dans un parc, un restaurant en famille… on a passé un Noël magnifique, avec ma grande sœur, Sabrina, venue avec ma nièce, Paloma. Je me suis réfugié dans cette bulle, j'ai laissé le reste de côté et j'ai refusé de penser à la suite. C'était Noël, les enfants étaient heureux. La soirée du 24 a été belle. Mais le 25 au matin, je suis parti m'entraîner. J'ai a peine eu le temps de repasser à la maison à la mi-journée avant de retourner à la mise au vert. Et, en arrivant à 18 heures à l'hôtel, le jour de Noël, avant un match à Brentford où j'allais être remplaçant, huit jours après avoir perdu une finale de Coupe du monde, je me souviens exactement de ce que j'ai pensé : « Mais qu'est-ce que je fais là ? »

II

La décision

Le 26 décembre, c'est le Boxing Day, et mon anniversaire. Je l'ai fêté en restant en survêtement à Brentford (2-2). Je suis parvenu à m'intéresser un peu au match, depuis le banc. En fait, la veille, j'avais été plutôt heureux de retrouver les copains du quotidien après aussi longtemps. C'était un moment joyeux, comme une rentrée des classes après l'été. Mais j'ai trouvé des joueurs encore plus fatigués que moi. Leur état m'a atteint au moral. J'étais épuisé par la Coupe du monde, physiquement et nerveusement, et je comptais sur leur énergie pour me porter. Pendant la demi-heure de séance vidéo avant le match à Brentford, j'étais complètement ailleurs, incapable de me concentrer.

Tottenham n'était pas seul responsable de mon brouillard personnel. Ni la finale, d'ailleurs. Depuis mon retour de Doha, je réfléchissais à mon avenir en équipe de France. Après plus de treize ans en bleu, 145 sélections, quatre Coupes du monde (2010, 2014, 2018, 2022), trois Euros (2012, 2016, 2021), il me fallait décider si l'heure de tourner la page avait sonné, à 36 ans, et j'étais presque trop épuisé pour y réfléchir. J'ai essayé, quand même.

À la maison, on a fêté le Nouvel An avec un jour d'avance, comme souvent. Le 31 décembre, on était au vert au Lodge, au centre d'entraînement où chaque joueur a sa chambre, et le 1er janvier, j'ai rejoué, au stade de Tottenham contre Aston Villa. Je suis revenu dans un flou absolu. J'étais fatigué, la Coupe du monde avait pompé toutes mes forces. J'avais besoin de l'énergie de l'équipe, et elle n'en avait pas. Contre Aston Villa, je retrouvais Emiliano Martínez, le gardien de l'Argentine. Il était remplaçant, il avait eu plus de jours de vacances que moi, mais il est venu me serrer la main dans le couloir, avant, et il l'a fait après, aussi. Je respecte les gardiens, par principe, même si je sais bien qu'il n'a pas respecté tout le monde, lui, à Doha puis en Argentine. Entre nous, il y aura un échange à distance, plus tard. Quelques jours après la finale, j'avais déclaré, dans une interview à *L'Équipe* : « Faire l'idiot dans le but, déstabiliser ostensiblement l'adversaire en jouant avec la limite, je ne sais pas le faire. Je suis trop rationnel, trop honnête pour aller sur ce terrain-là. » Quelques semaines plus tard, il répondrait, dans *France Football* : « Il a dit ça parce qu'il a perdu, sinon il n'aurait rien dit. Évidemment, je respecte son opinion. Je ne l'ai jamais insulté. S'il pense que danser ou gagner un peu de temps, c'est manquer de respect ou être malhonnête, je ne partage pas cet avis. Chaque détail compte. Je donne tout pour mon pays et tout le monde ne peut pas être content. » Moi aussi, je donne tout mon pays. Au départ, je me suis senti un peu attaqué par sa réponse, mais à la réflexion, pas tant que ça. Mais j'ai le droit de penser qu'il est allé trop loin dans son comportement face à Aurélien Tchouaméni, et qu'avec son trophée de meilleur gardien sa célébration a été assez vulgaire. Quand, pendant la séance, il cherche à déconcentrer l'adversaire, je ne juge pas, mais quand on atteint le stade où la FIFA modifie le règlement après la séance, oui, je juge. Quand il se rapproche d'Aurélien Tchouaméni et qu'il lance le ballon après avoir fait semblant de le lui donner, oui, je juge, même s'il peut répondre que cela a marché. Quand il reçoit le trophée de meilleur gardien et l'agite comme un symbole phallique, il représente aussi les autres gardiens, ceux d'aujourd'hui et de demain : sa célébration a eu un impact négatif dans le monde entier, et il est responsable de ses actes. Mais c'est un très bon gardien, évidemment, qui a fait des arrêts décisifs pour aider l'Argentine à devenir championne du monde et vainqueur de la Copa América.

Ce jour-là, avec Tottenham, le premier jour de l'année 2023, je me suis fait surprendre par un rebond et j'ai encaissé un but bête. J'étais fatigué sur un plan personnel, fatigué du contexte lourd entourant une équipe que je venais de retrouver. J'ai respecté la décision de Conte, mais c'était un moment difficile de plus. Trois jours plus tard, on a gagné contre Crystal Palace ; j'ai fait un bon match, cette fois, mais j'ai eu le sentiment de me battre contre moi-même, que tout était devenu difficile, qu'il fallait soulever une montagne pour accomplir des choses toutes simples.

À la fin du match, j'ai croisé Patrick Vieira, alors entraîneur de Palace. Je le connais et l'apprécie depuis longtemps. Il a été champion du monde, lui aussi, et mon premier capitaine en l'équipe de France. On a discuté quelques minutes des Bleus, et de l'hypothèse de ma retraite internationale. Il a insisté : « Continue. Si tu peux, surtout ne t'arrête pas… »

Avant la finale de la Coupe du monde, je n'avais évoqué le sujet de ma retraite internationale avec personne. L'idée m'avait brièvement traversé la tête à l'Euro 2021, après notre élimination en huitièmes de finale contre la Suisse : déjà un 3-3, déjà des prolongations, déjà une séance de tirs au but perdue (mon arrêt sur penalty pendant le temps réglementaire n'avait presque servi à rien). J'avais déjà l'âge des bilans, 35 ans. On ne se rend pas compte de l'énergie que jouer en équipe de France demande, surtout lorsqu'on en est le capitaine. Mais j'avais décidé que j'avais encore des objectifs à poursuivre : il y avait la Ligue des nations à l'automne suivant, le record de Lilian Thuram (142 sélections) que je pouvais battre, et la Coupe du monde 2022. J'ai toujours avancé avec des objectifs. Au fil des mois, avant le Qatar, j'ai fait attention à ma communication chaque fois qu'on me parlait de mon avenir, parce qu'on ne sait jamais de quoi demain sera fait, et parce que je n'étais pas sûr de ce que je voulais vraiment. En m'approchant de la Coupe du monde, j'ai laissé de côté cette réflexion en décidant qu'il ne fallait rien annoncer avant un grand rendez-vous. Et puisque je n'annonçais rien, je n'étais pas obligé de décider.

Après la finale, c'est devenu un sujet de conversation pour mon cercle rapproché. J'avais le sentiment d'être arrivé au bout des choses, et la volonté de partir en étant encore au plus haut.

Je ne voulais plus passer à côté des choses simples de la vie avec mes enfants. Anna-Rose a déjà 13 ans ; c'est allé trop vite. Je n'ai plus envie d'être absent aussi souvent, ni aussi longtemps, et la réalité de mon âge est que je ne récupère plus des efforts comme avant. J'ai mal tous les matins en descendant à la cuisine. Tous les sportifs ont appris à vivre avec la douleur. Moi, cela a souvent été le bas du dos, et ces dernières années le bas du dos à gauche. Sans doute parce que je me jette à terre en plongeant depuis l'âge de 8 ans. Ce n'est pas l'entraînement pur, les quarante-huit heures pour récupérer d'une séance difficile qui ont fini par m'user, mais c'est l'enchaînement des matches, la pression, la médiatisation, la victoire indispensable, tous les trois jours, comme seul horizon. Un joueur de champ peut économiser de l'énergie quand le match est facile, mais pour un gardien, la tension nerveuse est la même dans un match facile que dans un match difficile.

Je me souviens d'un entraînement au Qatar, sur un petit terrain, un jour où Ousmane Dembélé était infernal. Tout allait vite, tout était fluide, il m'avait mis deux buts, si bien qu'à la fin de l'entraînement, je lui avais lancé : « C'est un petit con comme toi qui va me mettre à la retraite ! » Je l'avais dit en riant, mais finalement, il a été l'un des premiers à qui je l'ai annoncé. Ma décision de quitter l'équipe de France était déjà réfléchie quand je l'ai actée. Elle m'a soulagé d'un poids, m'a libéré de quelque chose. Je me suis souvenu des débuts difficiles et des jours heureux. Je me suis rappelé que l'équipe de France ne m'appartient pas. Ce n'était pas seulement une question d'âge : il était l'heure de laisser la génération suivante prendre la place et s'installer. Je ne voulais pas attendre le moment où viendrait la défaillance. La décision prise, j'ai organisé ma communication, avec une interview dans *L'Équipe*, une autre au journal de 20 heures de TF1. Mais je voulais avoir le temps de prévenir les personnes importantes pour moi. J'ai appelé la famille. J'en avais parlé à ma grand-mère, bien sûr, compte tenu de ce qu'elle représente dans ma vie, et à mon père, évidemment. Cela a été difficile pour eux. Cela représentait quatorze ans d'histoire. Dans cette vie-là, on ne se voit pas aussi souvent qu'on le voudrait et, pour ma grand-mère, les matches de l'équipe de France étaient son rendez-vous avec son petit-fils. Pour moi, c'était un soulagement, mais eux, il ne leur restait que la nostalgie, un peu de tristesse que ce soit fini, et la certitude qu'on ne vivrait plus ensemble de voyage aussi magnifique que celui à Doha, dont ils parlent encore. Sur le fond, mon père était d'accord avec moi, mais cela ne signifie pas que cela ait été facile pour lui.

J'ai appelé Franck Raviot, l'entraîneur des gardiens de l'équipe de France depuis si longtemps, un homme de confiance : je savais qu'il garderait ça pour lui. Et j'ai appelé le coach, Didier Deschamps, bien sûr. Je lui ai envoyé un message pour lui souhaiter la bonne année, en ajoutant : « *Lorsque vous aurez un moment, si l'on pouvait se parler…* » Il m'a appelé dans la foulée. Au début, les mots ne sortaient pas. Il m'a dit : « Vas-y, Hugo, laisse-les sortir comme ils viennent, on verra après… » Je lui ai annoncé, très vite : « Coach, j'ai pris ma décision, cela ne va pas être facile de l'annoncer, mais je préfère vous le dire tout de suite, personne ne me fera changer d'avis. Je vais arrêter la sélection… » Il m'a conseillé de ne pas décider sur un coup de tête, d'attendre un peu, peut-être, mais je lui ai expliqué que j'avais tout donné, et que je ne savais pas ce qu'il me restait. Deux jours plus tard, à l'annonce de la prolongation de son contrat, je lui ai écrit : « *Félicitations, coach. Je suis heureux pour vous et pour tout le staff. Vous le méritez.* » Il m'a répondu que j'allais lui et leur manquer. Je lui ai dit que lui et eux aussi.

J'ai appelé les gardiens qui comptent pour moi : Fabien Barthez, dont je suis proche, et qui m'a toujours soutenu, mais aussi Joël Bats, qui a été mon entraîneur à Lyon pendant quatre ans, et beaucoup plus que cela. Je leur ai dit que je réfléchissais et je voulais savoir ce qu'ils en pensaient. Fab m'a raconté comment la fin était venue, après la Coupe du monde 2006, mais aussi le jour où il avait failli arrêter, avant. Joël m'a dit : « Tu verras… Au début, quand l'équipe de France gagnait sans moi, je me disais que j'aurais pu être encore là. Et quand ça se passait mal, je me disais que j'avais bien fait d'arrêter ». Il avait raison. C'était l'une des questions fondamentales : est-ce que l'on a encore l'énergie de surpasser les moments difficiles du collectif ? Quand tu as porté le poids des attentes pendant si longtemps, quand tu as pris et repris des coups, que tu étais capitaine, et pas seulement gardien, il arrive un moment, malgré le bonheur, la fierté et les victoires, où tu ne peux plus. Et cette fois, je ne pouvais plus.

J'ai fait passer le message à Antonio Conte, mon entraîneur. J'ai aussi appelé Daniel Levy, mon président.

Le lundi midi, j'ai déjeuné dans les locaux de *L'Équipe*, à Boulogne, avec les journalistes de la rubrique Football qui m'avaient suivi pendant toutes ces années. J'ai trouvé naturel d'offrir le champagne. J'aurais vraiment aimé annoncer ça après un match de l'équipe de France, en conférence de presse, et payer un verre à tous les journalistes. On ne peut pas dire que j'ai été un bon client pour eux les veilles de match (j'étais bien plus bavard les lendemains). On ne peut pas dire non plus qu'ils aient tous été toujours gentils avec moi, ce que je ne leur ai jamais demandé : ils sont dans leur rôle. Mais les journalistes et les joueurs vivent une sorte de compagnonnage au long cours : on parcourt le monde ensemble, nous au cœur du jeu et eux juste à côté, et boire un verre me semblait la chose à faire.

Une heure avant l'officialisation, le lundi en fin d'après-midi, j'ai commencé à prévenir mes meilleurs amis. Et j'ai appelé les autres joueurs, les anciens, Antoine Griezmann, Olivier Giroud, Raphaël Varane, mais aussi Kylian Mbappé. C'était aussi ma manière de leur dire « Bon, les gars, c'est à vous ». Je ne savais pas encore que Raphaël arrêtait, lui aussi. J'ai appelé Kylian parce que j'avais senti, pendant la Coupe du monde, qu'il commençait à avoir du poids dans le vestiaire, et qu'il allait prendre le leadership.

Ce lundi-là, à Paris, j'ai envoyé ce message à Mauricio Pochettino, l'entraîneur que j'ai eu le plus longtemps, à Tottenham, et qui fait partie de ma famille du foot : « *Comment ça va, Gaffa ? Je suis dans ta ville. Non, pardon, je suis dans la ville de Toni Jiménez [son entraîneur des gardiens, qui adore Paris ; c'est un sujet de plaisanterie entre nous]. Avant que ce soit officiel, je voulais te dire que je vais annoncer ma retraite internationale...* » J'ai conservé sa réponse : « *Merci, Hugo. J'apprécie beaucoup que tu me préviennes. J'espérais te voir pour toujours en équipe nationale, mais je comprends ta décision. Il faut profiter de la famille. Je suis fier de toi, de tout ce que tu as accompli en sélection. Le plus important, c'est que tu sois heureux.* »

J'ai été heureux, longtemps, en équipe de France. Et j'ai été heureux, en ces jours de janvier, de faire bien les choses. La phase qualificative pour l'Euro 2024 démarrait en mars, alors il était important de ne pas laisser de doute sur mon avenir. Mes partenaires et le coach avaient besoin de certitudes et je leur devais ce respect. Je n'ai pas connu de passage de témoin quand je suis arrivé en équipe de France. Alors j'ai voulu transmettre, qu'il y ait un héritage, que les conditions soient réunies pour que tout continue de fonctionner de la même manière. C'est pour cette raison que je suis parti en paix. Je sais qu'un gardien performant, Mike Maignan, est prêt, qu'il sera là pour plusieurs années et qu'il va accomplir de grandes choses. Moi, je suis arrivé à l'automne 2008, dans une période agitée et de chacun pour soi, et si ce n'était pas une terre brûlée, c'est parce que la débâcle allait avoir lieu, justement, dix-huit mois plus tard, en Afrique du Sud. Il m'a fallu longtemps pour ressentir que je rejoignais une véritable équipe, des copains, une ambition.

Je me suis arrêté sur une Coupe du monde qui aura été brillante, jusqu'au seul regret qui ne me quitte pas, cette défaite en finale après la séance de tirs au but. Souvent, je me dis que j'aurais dû en arrêter un, et puis il me revient que j'aurais dû en arrêter trois. Mais je sais que ce n'est pas si simple, non plus, et que si j'en avais arrêté un au bon moment, peut-être, on ne sait jamais, les choses auraient été différentes.

J'ai été ému d'annoncer que je quittais l'équipe de France, soulagé de l'avoir décidé, et bouleversé par la réaction des gens, des supporters ou des autres joueurs. J'ai reçu des dizaines et des dizaines de messages, même de la part de certains joueurs que je n'attendais pas, de journalistes, aussi. En tournant une séquence à Londres pour TF1, et en regardant les images des réactions des autres et de leurs hommages, tout a défilé et je n'ai pas pu retenir mes larmes. C'était comme une nécrologie de mon vivant, et cela a été trop fort émotionnellement, trop intense.

Voilà, c'était fini. Mon gros défaut, peut-être, est d'avoir rarement apprécié les choses sur le moment, de toujours m'être toujours tourné trop vite vers l'avenir. Je tiens ce trait de ma grand-mère, qui regarde constamment devant elle et ne parle jamais du passé. J'ai toujours regardé devant, et un beau jour, c'était fini. C'est aussi ça, la logique de la compétition. Mais à partir du moment où j'ai arrêté, j'ai commencé à apprécier mieux, et complètement, tout le bonheur et la fierté de ces années en bleu. Quels regrets pourrais-je avoir ?

J'ai commencé à jouer en club à l'âge de 6 ans, au Cedac de Cimiez, dans mon quartier d'enfance du nord de Nice. J'avais entraînement tous les mercredis, et c'était mon grand-père qui m'emmenait. Il venait me récupérer le mardi soir après l'école, je dormais chez lui et ma grand-mère et, avant mon entraînement, on partait à leur club de bridge à La Colle-sur-Loup, où je continuais mes devoirs. Il arrivait le moment où je devais me changer pour l'entraînement. Quand je revenais vers eux en tenue, mon grand-père annonçait fièrement à ses collègues de bridge : « Je vous présente le futur gardien de l'équipe de France. » J'avais 8 ans.

III

Le vide

Les 145 sélections, les capitanats, les finales de Coupe du monde : j'ai toujours su que j'étais privilégié. L'équipe de France a été le fil conducteur de toute ma carrière, même au tout début. Ma carrière internationale a duré un peu plus de quatorze ans, du 8 novembre 2008 au 18 décembre 2022, et quand j'ai décidé qu'elle était terminée, j'ai été confronté au vide. Je m'attendais à quelques semaines difficiles : les Bleus représentent tant pour moi que tous mes tourments et mes blessures ont toujours été concentrés dans les deux ou trois mois qui suivaient les sept phases finales que j'ai disputées avec l'équipe de France. Malgré tout, je n'imaginais pas ce qui allait arriver. J'avais même osé penser que me concentrer sur ma vie de joueur de club m'aiderait à être performant.

La vérité est que rien ne m'a aidé, ni personne, en tout cas pas grand monde. C'est la logique du foot : l'entraîneur pense que le peu d'énergie qui te reste suffira pour aider l'équipe. Mais en Premier League, tout est furieux, tout va vite, tout est un combat. À Fulham (où l'on a gagné 0-1), le 23 janvier 2023, j'ai fait un bon match, solide, même si j'ai eu toujours autant de mal à me concentrer à l'échauffement. C'était un beau et petit stade avec une âme, avec les supporters si près qui semblent t'envelopper, et ce contexte m'a replongé dans la compétition. Alors que je traversais le terrain à la fin du match, Cristian Stellini, l'adjoint d'Antonio Conte, m'a lancé : « Écoute, Hugo, va voir avec le coach, mais moi je lui ai dit que je te donnais cinq ou six jours pour couper. » J'en aurais eu besoin plus tôt, mais ces quelques jours à Nice m'ont fait un bien fou. Je me sentais vraiment bien quand je suis revenu pour la venue de Manchester City (1-0), le 5 février, sans doute mon dernier très bon match avec Tottenham. En toute fin de partie, j'ai sauvé un but sur une tête de Rodri en m'envolant sur le côté gauche, et si j'ai ressenti quelque chose dans le genou droit lors du contact avec l'international espagnol, je ne me suis pas inquiété. Dans ma tête, je me disais que c'était revenu, que j'avais remis la machine en route, que la Ligue des champions arrivait, avec le huitième de finale contre l'AC Milan une semaine plus tard, et que je ne m'étais pas si mal géré, finalement. Mais après cette action, sur un dégagement, j'ai constaté que je n'avais plus aucune stabilité. Mon ligament extérieur du genou droit, du côté de ma jambe d'appui, sur le dernier arrêt, avait cédé. J'allais être absent six à huit semaines, et tout le reste, mon pénible crépuscule londonien, est parti de là. On pourrait presque commencer par la fin : de la finale de la Coupe du monde, le 18 décembre 2022, à mon départ de Tottenham, le 30 décembre 2023, je n'ai rejoué que dix matches avec les Spurs, les dix derniers de mes 447 apparitions avec le club depuis 2012. Une vie.

Comme tous les blessés, je me suis soigné à l'écart, je me suis régénéré et je suis revenu plein d'envie, au printemps. Mais à mon retour, Antonio Conte avait été écarté et l'atmosphère était catastrophique. L'équipe était à plat. Dans un collectif fort, on peut être moins bien et personne ne le saura. À Tottenham, tout se voyait. J'ai commencé à envisager la fin d'un cycle, et mon objectif est devenu de finir la saison, de me consacrer à mon club, et d'imaginer un endroit où je puisse reprendre du plaisir. J'avais toujours pensé qu'avec six semaines de vacances l'été, et en me reposant pendant les trêves internationales, je pouvais assez facilement allonger ma carrière. Mais après le genou est survenue une autre blessure, un tendon qui claque sur un dégagement, pendant la première période d'un cauchemar avec les Spurs à Newcastle (6-1), en avril. Mon dernier match avec le club.

Passé la trentaine, les grandes compétitions ont toujours eu des conséquences sur ma santé athlétique et mentale, et je n'ai pas été le seul que cette Coupe du monde en pleine saison a atteint au plus profond, physiquement et émotionnellement. Certains joueurs ont été des fantômes dans la deuxième partie de la saison, et d'autres ont été blessés, comme moi.

Ma lassitude n'a jamais vraiment ressemblé à une dépression. Une grosse fatigue, oui, après trop d'émotions intenses et parfois contradictoires, mais pas de tristesse survenue sans raison. Simplement, il n'y avait plus rien de léger ni de fluide. Même auparavant, lorsque j'ai eu trois semaines pour me remettre d'une Coupe du monde ou d'un Euro, je me suis blessé sous l'effet de l'épuisement, parfois pour être reparti trop fort, trop vite, parce que ce métier et mes entraîneurs l'exigeaient. Rejouer en championnat une semaine après la finale de la Coupe du monde, c'était ridicule. Comme l'était la journée de championnat une semaine seulement avant que ne commence la Coupe du monde.

J'avais quitté l'équipe de France en janvier 2023, et au mois de mai j'ai commencé à songer que j'allais aussi quitter Tottenham. J'étais dans la réflexion et je ne m'attendais pas à ce que les Spurs passent aussi vite à l'action : pour anticiper mon départ, le club a recruté un autre gardien, l'Italien Guglielmo Vicario, et m'a fait comprendre qu'il fallait donc que je parte. J'étais le capitaine de l'équipe depuis dix ans et je n'étais plus dans les plans. Quand, avant la tournée d'été aux USA, j'ai demandé au président, Daniel Levy, si je devais vraiment rejoindre le groupe dans cette tournée et partir promouvoir un club qui ne voulait plus de moi, il m'a répondu que je pouvais rester à Londres.

J'ai toujours su, bien sûr, que ce moment viendrait. Ce que je n'ai pas apprécié, en fait, est qu'on me l'ait dit en fin de saison, alors qu'il était déjà tard pour s'organiser dans un marché de gardiens assez fermé. L'histoire reste plus ambiguë que ma volonté de partir : après qu'une rumeur récurrente m'a envoyé en Arabie saoudite, fin mai, alors que j'avais seulement été contacté par des agents, Daniel Levy m'a convoqué. En discutant, j'ai vite compris que mon départ l'aurait arrangé. On a fait le point sur la saison, je lui ai dit ce que je pensais de la situation du club, et il a fini par m'annoncer la volonté du club d'acheter un premier gardien beaucoup plus jeune. Il m'a même proposé de faire mes adieux lors du dernier match des Spurs à domicile. Je lui ai répondu :

« Mais Daniel, il me reste un an de contrat, on ne sait pas ce qui peut arriver.

— Hugo, mais je ne voudrais pas que tu partes comme ça, après toutes ces saisons avec nous, tout ce qui tu as fait pour le club. Je voudrais te rendre hommage.

— On ne va pas faire un hommage sur un dernier match, au bout de notre plus mauvaise saison, alors qu'on ne va peut-être même pas se qualifier pour une Coupe d'Europe… »

En évoquant le recrutement d'un gardien plus jeune, Daniel m'a laissé entendre que le club ne demanderait pas d'indemnité pour ma dernière année de contrat. Mais j'avais un salaire que peu de clubs pouvaient assumer, et dont Tottenham aurait aimé s'alléger, et, à 36 ans, après une deuxième partie de saison avec deux blessures et une certaine irrégularité, je sentais que le club avait envie de passer à autre chose. J'ai fini par voir cette situation comme une ouverture, une porte de sortie. J'aurais seulement aimé, encore une fois, le savoir plus tôt : ils avaient déjà choisi le nouveau gardien depuis des semaines, mais avaient décidé de ne pas me prévenir.

J'ai revu Daniel Levy au mois d'août, quand il a tenté de me convaincre de partir à la Lazio Rome. Mais même si j'avais été touché par l'approche du président, Claudio Lotito, que j'avais déjà rencontré par le passé, je ne voyais pas trop l'intérêt de partir dans un club qui possédait déjà un numéro 1, Ivan Provedel, et de risquer de freiner un gardien en pleine évolution qui sortait d'une belle saison. Je n'avais pas besoin de ça. On n'est pas seulement des actifs, on est des hommes, avec une famille, des enfants. Plus jeune, j'y serais peut-être allé. Pas là, pas maintenant.

Je suis resté à Tottenham, parce que je ne voulais pas être pressé, à quelques heures de la fin du mercato, et prendre une décision sans me donner le temps de la réflexion. Quand je déménage, nous sommes cinq à déménager. Alors, le soir du 31 août, pendant qu'on me affabulait sur des contacts pour être le numéro 2 de Newcastle, ou pour revenir à Nice, je dînais tranquillement en famille dans un restaurant argentin d'Hampstead.

J'ai assez rapidement compris que j'allais en payer le prix. Je suis devenu un joueur de Tottenham qui ne jouait plus, qui n'existait plus. Je n'ai rien dit, on ne m'a jamais entendu me plaindre, mais il y a eu, souvent, des moments où je ne pouvais plus supporter cette situation, où je me sentais près de renoncer à tout, à déchirer le contrat qui me liait au club jusqu'en juin 2024. Il y a eu des moments, oui, où je n'ai plus supporté d'être un joueur qui ne jouait plus dans son propre club, après douze saisons, neuf en tant que capitaine, et 447 matches sous le maillot des Spurs.

Dans mes bons jours, je me suis mis à la place d'Ange Postecoglou, le nouvel entraîneur : il est arrivé dans un club qui avait recruté un jeune gardien et partait sur un nouveau cycle, et il a logiquement suivi cette nouvelle direction. Tous les joueurs de champ qui étaient dans la même situation que moi, que le club voulait faire partir, sont revenus dans le groupe puis dans l'équipe, et ont été soumis à une concurrence normale. Mais chez les gardiens, ce n'est pas la même chose. Même si j'avais fait en sorte, à l'entraînement, d'être performant, je n'aurais pas rejoué, parce que c'est un poste qui exige stabilité et certitudes. Il peut exister une concurrence, mais sur le très long terme, d'une saison à l'autre, parfois d'un contrat à l'autre, mais jamais d'un match à l'autre. Un gardien qui fait un match cauchemardesque est remplacé une fois sur mille, et encore.

Au début, la coupure m'a fait du bien, le temps s'est arrêté. Je m'entraînais avec une équipe dont je ne faisais plus partie, et dont je ne ferais plus partie, quoi qu'il advienne. Je participais aux séances qui nécessitaient quatre gardiens, mais les oppositions, où seuls deux gardiens étaient requis, n'étaient pas pour moi. Je n'avais jamais connu cette situation et ne l'avais jamais imaginée. Je ne suis pas fait pour ça.

Quand les gars avaient besoin d'un gardien à canarder pour une séance devant le but, j'étais celui-là, comme à 18 ans, parce que le ballon me manquait, parce que je prenais tout ce qu'il y avait à prendre. Mais je me languissais de tout le reste, et notamment les matches, même d'entraînement, sur un grand terrain, avec des espaces. Cette période a consolidé mon point de vue : il y a des gardiens d'entraînement, des gardiens de petits jeux, mais le vrai gardien est celui qui gère l'espace, sa surface de réparation et sa défense. Le travail sur la ligne n'est qu'un aspect parcellaire du poste, et je ne pouvais plus être complètement un gardien si je travaillais seulement sur ma ligne dans les petits jeux et dans les exercices spécifiques.

Cet automne a été terrible et m'a rongé. J'ai observé d'un œil parfois amusé, souvent désolé, les conséquences sociales, dans le vestiaire, de mon passage de capitaine à joueur transparent. Quelques personnes ont suivi la logique d'entreprise : puisque le club avait pris la décision de m'écarter, même si c'était un peu plus complexe que ça, ils m'ont mis à l'écart, eux aussi. Les relations ne devraient pas changer sous ce prétexte. Certains m'ont regardé comme un banni, et c'était décevant. Je ne faisais pas partie de l'équipe, l'entraîneur ne me parlait jamais, et ses présentations de matches que je ne jouerais pas ne pouvaient pas m'intéresser. Si je reste dans le foot, j'essayerai de me souvenir de garder un lien avec tout le monde. Là, ce n'était pas mon projet, et on ne m'a même pas invité.

Je ne voulais plus être là, au milieu. Je voulais m'en détacher. En quittant le débriefing de la défaite contre West Ham (1-2), début décembre 2023, c'est exactement ce que j'ai dit à mes proches en rentrant à la maison : « Il faut que je parte d'ici, je n'en peux plus. Quand tout va bien pour l'équipe, je ne vais pas bien, parce que j'en suis exclu, et quand tout va mal pour l'équipe, je ne vais pas bien non plus, parce que c'est mon club et que j'y suis attaché. » J'ai détesté cette sensation d'être au milieu de deux chaises pareillement inconfortables, l'une dans la tribune, l'autre éjectable.

Mais pendant toute cette période, je n'ai jamais considéré négativement le gardien qui jouait à ma place. Guglielmo Vicario est un gars qui travaille, qui est sérieux et respectueux. Il n'était absolument pour rien dans ma situation. Il est arrivé sur le tard à ce niveau, à 27 ans, après deux saisons seulement en Serie A, mais il sait ce qu'il veut. C'est un professionnel exemplaire et méticuleux qui vient même les jours off pour faire ses étirements au club. Je pense qu'il va aller loin. C'est un garçon que j'apprécie, et c'était important : cela aurait été plus dur pour moi d'être remplacé par un gardien qui aurait voulu jouer un rôle. Lui est humble, travailleur, et mérite ce qui lui arrive.

Si j'ai maintenu une vie sociale avec mes anciens coéquipiers, j'ai évité les repas d'équipe, parce que j'étais l'ancien capitaine et que je devais laisser le groupe s'épanouir sans moi.

J'ai utilisé le temps positivement, avec mes enfants, ou dans la gestion d'autres domaines de ma vie, mon patrimoine. En m'approchant de la fin de ma carrière de footballeur, j'ai cherché naturellement à préparer la suite de ma vie.

Jusqu'à l'hiver 2023, jusqu'à ce que je prenne la décision de redevenir complètement joueur, mais ailleurs, j'ai réussi à ne pas ressentir le manque d'adrénaline. J'ai regardé les matches, souvent, mais il n'y a pas eu une fois où je me suis dit que j'aurais aimé y être. Je ne me suis identifié à rien : l'équipe de France, c'était le passé, et ce Tottenham n'était plus mon équipe. Pour la première fois, j'ai été confronté à la réalité qu'il n'y avait pas que le foot dans la vie. L'idée d'arrêter complètement ne m'a jamais fait peur, et il est possible que si la Coupe du monde avait eu lieu en juin 2022, plutôt qu'en décembre, j'aurais rangé les gants à ce moment-là.

En cet automne où je me sentais transparent et inutile, je me suis détaché de l'équipe, parce que c'était la meilleure manière de me protéger. C'est pour cette raison que je ne suis pas allé au stade de juin à décembre. Je n'étais plus acteur, et pas encore spectateur. J'ai toujours su que je redeviendrais un supporter inconditionnel de Tottenham le jour même où je partirais, mais dans cet automne particulier, il a fallu que l'on trouve la bonne distance, comme un couple séparé qui vit encore dans la même maison.

J'ai pensé, pendant quelques mois, que mes dirigeants allaient à la fois manquer mon entrée et ma sortie. J'ai pensé et pensé encore que s'ils ne voulaient plus de moi, à l'été 2023, ils auraient dû s'asseoir à une table et négocier mon départ à l'amiable. On n'est jamais entrés dans la moindre négociation, ils voulaient seulement que je parte et ne pas assumer complètement ma dernière année de contrat. À l'été 2021, alors que la direction sportive avait été reprise par l'Italien Fabio Paratici, j'avais senti quelque chose, déjà : à un an de la fin de mon contrat, ils ne m'avaient fait aucune proposition, ce qui avait entretenu les rumeurs tout l'été, et ils avaient fait venir l'Italien Pierluigi Gollini. Mais j'étais resté à un haut niveau, à un an de la Coupe du monde à laquelle je pensais déjà, et quand Antonio Conte avait pris en main l'équipe, il m'avait fait prolonger immédiatement, en janvier. La situation s'était inversée et j'étais en position de force : ce jour-là, le club avait été obligé de me respecter, comme on dit aujourd'hui dans le foot quand un club accepte les conditions d'un joueur sans négocier. Alors, non, je n'ai pas aimé ce long tunnel de huit mois sans jouer à Tottenham. Je n'ai pas aimé ce sentiment inédit d'être transparent dans ce club qui représente tant pour moi. Je n'ai pas aimé être inutile et me sentir de trop. J'ai souvent pensé, tout au long de ces mois qui m'ont semblé durer des années, que notre histoire, avec les Spurs, méritait une autre fin, une belle fin. J'ai douté, parfois, et je le sais aujourd'hui, j'ai eu tort : la fin a été belle. C'est une histoire pour plus tard, mais je ne l'oublierai pas.

IV

« Papa, je crois que j'ai envie d'arrêter »

Je suis un enfant de la Méditerranée. Mes racines ont poussé sur son pourtour, de chaque côté. Je suis né et j'ai grandi à Nice, qui restera ma ville, toujours. Mes grands-parents paternels, enfin, ont grandi et ont vécu en Algérie et au Maroc.

J'ai eu la chance de profiter longtemps de mes grands-parents. Dans la fratrie, entre ma sœur aînée, Sabrina, et mon petit frère, Gautier, j'ai été celui des trois enfants qui a passé le plus de temps avec eux. Mon grand-père m'emmenait partout, tout le temps au foot, matches comme entraînements, et pendant les vacances scolaires, l'été, on partait ensemble, avec ma grand-mère, en camping-car. On commençait toujours par deux ou trois semaines au Cap d'Agde, parce que mon grand-père était électricien et avait droit aux centres de vacances de la caisse centrale d'activités sociales (CCAS), et ensuite on rayonnait dans la moitié sud de la France, même s'il nous est arrivé de pousser jusqu'à la pointe du Raz. L'épopée pouvait durer cinq semaines. Mon frère est venu une fois, à Sète, mais le camping-car n'était plus là.

Mon grand-père paternel est né à Lille, mais il a grandi en Algérie, à Mers el-Kébir, où mon père a vu le jour. La sœur de mon grand-père habitait à Meknès, au Maroc, et c'est dans cette ville que mon grand-père a rencontré ma grand-mère, qui y vivait depuis sa naissance. Ils y ont vécu ensemble, et mon père avait 20 ans quand il est arrivé en France. J'ai songé à ces racines, forcément, quand on a battu le Maroc en demi-finale de la Coupe du monde, en 2022, mais cette histoire et ces origines étaient présentes, déjà, dans mon enfance. Au foot ou à l'école, quand les gars originaires de l'autre côté de la Méditerranée apprenaient mon histoire, ils me voyaient presque comme quelqu'un de la famille.

Lloris est un nom d'origine catalane, mais il faut remonter très loin dans notre arbre généalogique pour en trouver trace, plus loin que ma grand-mère, née Crespo (pour cette raison, j'adorais Hernán Crespo, l'ancien avant-centre de l'Argentine et de Parme ; j'ai d'ailleurs toujours aimé les joueurs argentins, mais c'était presque un hasard : si j'étais fan de Crespo, de Gabriel Batistuta et de Claudio López, ce n'était pas parce qu'ils étaient Argentins, mais parce que j'aimais le Valence de la fin des années 1990, et son gardien, Santiago Cañizares, et la Fiorentina, avec son beau maillot violet, et bien sûr son gardien, Francesco Toldo).

Si j'ai grandi au plus près de mes grands-parents paternels, je n'ai pas connu mes grands-parents maternels, décédés avant ma naissance. En revanche, j'ai connu mes arrière-grands-parents maternels, César et Marthe, qui vivaient à Aix-en-Provence, où on allait leur rendre visite une fois par mois, quand j'étais enfant.

Ma mère, Christine Demanget, a rencontré mon père, Luc Lloris, à Aix-en-Provence, pendant leurs études, qu'elle a interrompues quand elle a attendu ma sœur. Lorsque mon père a terminé Sciences Po, Sabrina avait 2 ou 3 ans, et ils sont partis chez mes grands-parents paternels à Beausoleil, où ils ont vécu un an, avant d'avoir enfin les moyens de prendre leur propre appartement dans un quartier de Nice-Nord, avenue Henry-Dunant. C'est là que j'ai connu la famille de Cédric Messina, le fondateur de MyCoach et mon ami, qui habitait à deux cents mètres de chez nous : j'ai passé beaucoup de temps chez Marcel et Danielle et leurs trois enfants, Warren, David et Cédric. Danielle, « Dada », a été notre nounou, celle de ma sœur d'abord, puis la mienne, et enfin celle de mon frère. J'ai effectué mes premiers vrais premiers plongeons dans les couloirs de leur appartement. Avec Warren, qui a deux ans de plus que moi, on jouait tous les soirs dans le couloir en chaussettes, avec un ballon en mousse, on glissait, on se cognait aux murs, et il y a eu de la casse, parfois. Moi, je m'en suis toujours sorti indemne, mais un jour, beaucoup plus tard, j'ai dû aller récupérer mon petit frère, la tête en sang, pour qu'on l'emmène, avec mon père, à l'hôpital Lenval. Il a toujours la cicatrice, derrière l'oreille, sur le crâne. Bien sûr, on jouait chez nous, aussi, et nos matches acharnés ont été fatals à un mug de collection de mon arrière-grand-mère, puis à un carreau. Et comme c'était moi, le grand, c'est moi qui ai pris, évidemment. Pendant quelques jours, on faisait profil bas et on descendait en bas de l'immeuble pour jouer sur la pelouse, où les anciens nous engueulaient en criant « Pelouse interdite ! ». Si on les avait écoutés, tous, on n'aurait joué nulle part.

Dans ma petite enfance à Nice-Nord, on passait tous nos week-ends au Tennis Club des Combes. J'ai eu une raquette entre les mains et une balle jaune dès que j'ai commencé à marcher. Je plongeais sur tous les ballons, déjà, quand on jouait sur les pelouses à côté des courts. Il y avait une âme, c'était vivant, et la plupart des gens venaient pour la journée, comme nous : mon père jouait avec ses copains le matin, avec ma mère l'après-midi, et entre les deux parties on déjeunait au restaurant du club, qui était tenu par un couple, France et Henri. C'est grâce à Henri, qui était un ami de Régis Bruneton, mon premier éducateur, que j'allais signer au Cedac de Cimiez, mon premier club, en 1993. Je me souviens très bien de ma première fois là-bas. J'avais 6 ans, mon beau maillot jaune, les gants, tout, et je suis allé me présenter à Régis Bruneton :

« Bonjour Régis, je m'appelle Hugo. Je viens de la part d'Henri. Je suis gardien de but. »

Je sais ce que l'on a dit de moi, mais prétendre que je suis issu d'un milieu aisé ne reflète pas la vérité. Mes parents ont changé de milieu, oui, mais à force de travail. Ils ont fait plein de petits boulots. Ma mère, qui est née à Bordeaux mais a grandi à Fontainebleau, a eu son bac à 16 ans, était brillante, mais a aussi vendu des pâtisseries, été réceptionniste dans un cabinet d'avocats, puis chargée de mission, avant de passer ses diplômes pour devenir conseillère juridique. Elle a aussi enseigné la gestion et l'anglais. Mon père, qui a été prof de maths et de sciences économiques, et qui a travaillé au service gestion de l'hôtel Le Méridien sur la promenade des Anglais, a démarré tout en bas de l'échelle dans une banque, la CMB Monaco, et il est monté en grade, avant de devenir cadre et de changer trois fois de banque ensuite. Mes parents travaillaient tellement que ma sœur est partie à 15 ans, pour être interne la semaine, dans un lycée de la région parisienne, et vivre chez mon oncle Dominique le week-end. Je me souviens de notre petite enfance avec elle grâce à des photos, je crois. Après son départ, j'ai récupéré sa chambre dans notre trois-pièces à Nice-Nord. J'avais 4 ou 5 ans quand elle a quitté la maison. Je la voyais partir, puis revenir parfois, et je ne comprenais pas trop, mais j'étais heureux quand elle passait quelques jours à Nice avec nous. Sabrina a longtemps vécu à Paris, où elle a donné naissance à Emilio, mon neveu, avant de s'installer à Bourges, où est arrivée ma nièce, Paloma, puis à Toulouse et enfin à Castres. Emilio a 24 ans aujourd'hui, et il est complètement rugby.

Le départ soudain de ma sœur et le manque que j'en ai ressenti ont été un peu comblés par la présence de mes grands-parents, qui avaient quitté Beausoleil pour la Madeleine, avant de s'installer sur la 202, la route nationale qui longe le Var sur sa rive gauche, à Nice-Ouest. C'est là que je les ai toujours connus. Leur appartement est devenu mon refuge lorsque je sortais de l'entraînement. Plus tard, pour être plus près du centre de formation et cesser de faire les allers-retours, Gautier a même habité chez ma grand-mère pendant un an.

Mon enfance n'a pas été la vie de fils de banquier qu'on a décrite plus tard, mais au fil des années et de leurs sacrifices, mes parents ont changé de statut, et leurs ressources ont évolué. Ils auront mis près de vingt ans à quitter Nice-Nord et à pouvoir acheter leur appartement à Fabron, à la résidence Constellations. J'avais 11 ans quand on a déménagé, en cours d'année scolaire. Mes parents ont travaillé pour nous et, pendant les vacances d'hiver, ma mère s'arrangeait pour nous offrir une semaine de ski à Tignes, à Val-d'Isère ou à La Plagne. L'été, ça pouvait être une semaine au Club Med de Chamonix. Elle aimait tellement partir en vacances avec nous que cela deviendrait un problème, plus tard, à l'âge des stages de présaison en club. Au lycée, à 15 ans, on avait des stages de préparation d'été à côté de Manosque. Jusque-là, comme je n'étais pas au centre de formation, je pouvais dire que je n'étais pas disponible et ainsi ne pas rater la semaine de vacances avec ma mère. Mes entraîneurs à Nice, Gérard Buscher et Alain Wathelet, ont longtemps été compréhensifs, mais lorsque je suis entré en seconde, l'incompatibilité est clairement apparue. La première fois que j'ai dû renoncer aux vacances familiales, c'est mon père qui a dû en parler à ma mère. Je n'ai pas négocié moi-même, cela aurait été trop difficile. La discussion a été tendue, mais aujourd'hui je la comprends mieux : à ses yeux, c'était le signal de la fin de l'enfance et de l'adolescence, et ce football pour laquelle elle avait peu d'intérêt éloignait son fils du moment de l'année qu'elle attendait le plus. L'hiver suivant, il avait fallu recommencer. En vérité, ma mère n'aimait pas l'environnement négatif du foot, la pression des parents, du public, des entraîneurs. Avec le recul, je comprends mieux ce qu'elle éprouvait, et sa peur : il m'est arrivé d'être mal à l'aise, les rares fois où j'ai pu aller voir Gautier à l'entraînement, en ressentant les enjeux et la tension dans les paroles et les regards des parents. Ce n'est pas ainsi que ma mère concevait le sport.

Au fond, cela la dérangeait que je fasse du foot, mais quand je suis devenu professionnel, je savais qu'elle me suivait de près et qu'elle était fière.

Pour voir les matches à la maison, il fallait ruser, parfois. Les soirs de Ligue des champions, comme il n'y avait qu'une télé, on attendait que ma mère s'endorme pour regarder la deuxième mi-temps. Le week-end, c'était différent, je ne regardais pas les matches à la télé, parce que je jouais la plupart du temps. Pour moi, c'était la Ligue des champions qui comptait, et quand je commençais la soirée chez mes grands-parents, après l'école ou l'entraînement, je regardais la première mi-temps avec mon grand-père, avant de rentrer en vitesse : si j'avais fait mes devoirs et que ma mère avait sommeil, j'avais une chance de voir la deuxième mi-temps.

J'étais un bon élève, la plupart du temps, à l'exception de mon premier trimestre de 6e, que j'ai effectué au collège Raoul-Dufy, à Nice-Ouest, alors que je vivais encore à Nice-Nord. Cela a été un désastre, pour la seule fois de ma scolarité. Petit, j'ai adoré l'école primaire Rosalinde-Rancher, où était allée ma sœur et où irait Gautier au début. En CM2, j'ai eu la chance d'avoir M. Joly, un instituteur strict et fun à la fois, avec des grosses lunettes, qui savait rassembler les enfants : à chaque récréation, il nous distribuait des raquettes de ping-pong et on jouait avec lui, ou alors il sortait un ballon en mousse et on organisait un tournoi. À cet âge-là, je fouillais les poches de mon père à la recherche d'une pièce de 10 francs pour acheter des vignettes Panini, des pogs ou des billes. Je n'ai pas acheté beaucoup de disques et, en ce qui concerne les livres, c'est venu avec l'âge. Je me rends compte que je vis aujourd'hui avec mes enfants ce que vivaient mes parents avec moi. Parfois, quand je les vois devant un écran, je leur dis : « Arrêtez les écrans, prenez un livre ! » Je sais que je n'ai pas toujours écouté mes parents, mais, avec Marine, on ne lâche pas sur la limitation du temps d'écran.

Quand je me retourne, je ne sais pas vraiment pourquoi j'ai choisi le foot. Ce n'était pas un sport familial, du moins jusqu'à ce que mon grand-père s'occupe de moi. Mon père jouait au tennis. Il était classé 15, disputait des compétitions par équipes le week-end et j'aimais bien le voir jouer. Je me suis tourné vers le foot tout seul, mais ma grand-mère me raconte, aujourd'hui, que je jouais déjà avec un ballon sur le balcon de leur appartement, et que je criais si on ne me faisait pas de passes. Il se trouve, aussi, que mon grand-père avait toujours aimé les gardiens. Il me parlait de Georges Carnus, l'ancien gardien de l'AS Saint-Étienne, de l'Olympique de Marseille et de l'équipe de France, qui m'avait fait faire un entraînement spécifique en Ligue Méditerranée, un jour, avec Bruno Bini, le responsable de la sélection, et futur coach de l'équipe de France féminines.

Le sport a occupé toute mon enfance. C'était une passion, mais jamais je ne me suis imaginé un avenir professionnel dans ce domaine. Je voulais jouer, c'est tout. À Cimiez, le terrain était si court que j'essayais de marquer sur les dégagements, et j'y suis quelques fois parvenu ; si je m'ennuyais trop ou si on était menés au score, je devenais joueur de champ. Régis Bruneton était d'accord, j'étais rapide et j'avais un bon pied gauche.

Mon grand-père avait de l'ambition pour moi, sans aucun doute. Un été, alors qu'on habitait encore à Nice-Nord et qu'il n'était pas encore question qu'on déménage à l'ouest, j'étais chez lui quand il a lu dans *Nice-Matin* une annonce pour un stage de détection à l'OGC Nice. J'avais 9 ans. Il n'en a même pas parlé à mes parents : il m'a inscrit et, comme c'étaient les vacances, je n'avais rien de mieux à faire. On était six gardiens et il y avait au programme une séance avec Dominique Baratelli, l'ancien gardien de Nice, du PSG et de l'équipe de France, qui avait participé à deux Coupes du monde, en 1978 et 1982. À la fin de la journée, il avait tranché : « Le petit, il a le potentiel. » Les entraîneurs niçois souhaitaient que je signe tout de suite, pour la saison à venir, mais c'était impossible car j'habitais trop loin. Je suis donc resté au Cedac. Mais l'été suivant, mon grand-père m'avait de nouveau emmené au stage de détection de l'OGC Nice, cette fois comme joueur de champ, parce que j'avais joué en attaque à Cimiez pendant la saison entière, en première année de benjamins. Alors que je finissais souvent meilleur buteur des tournois, et que j'allais vite, mon éventuel destin d'avant-centre s'est arrêté net quand Dominique Baratelli m'a vu, reconnu et lancé : « Non, non ! Toi, tu remets les gants ! »

Cette fois, on a dit oui à l'OGC Nice, en seconde année de benjamins : cinq entraînements par semaine, un match les week-ends. J'allais bientôt mettre le tennis de côté : je me suis retiré des courts sur quelques performances dans des compétitions par équipes et des tournois de vacances, contre des adultes. Il me semble bien, déjà, avoir disputé deux finales et ne pas les avoir gagnées.

La vérité est que je n'ai pas aimé mes premières saisons à Nice. J'avais 10 ans, mais on nous mettait déjà la pression pour gagner, parce qu'on était l'OGC Nice, tant pis pour le plaisir de jouer. Je sortais de mon club de quartier du Cedac de Cimiez, où je m'amusais, et là, soudain, cela devenait trop sérieux. L'année suivante sont venues les premières difficultés : j'avais démarré en équipe 2 chez les moins de 13 ans, je ne jouais pas beaucoup et je me suis blessé. Je n'étais pas encore formé physiquement. On était passés du petit au grand terrain et je ne pouvais pas dégager aux six mètres parce que je n'arrivais pas à atteindre le milieu du terrain. Sur une frappe, je me suis déchiré l'adducteur et je n'ai pas joué pendant deux mois. Quand je suis revenu, un autre gardien jouait, on ne croyait pas forcément en moi et j'ai eu envie d'arrêter, vraiment. Je n'ai jamais oublié cette discussion avec mon père, dans la voiture. J'avais 12 ans et c'était une période difficile, parce qu'on avait déménagé l'année précédente, parce que j'avais reçu un avertissement de travail au collège, et parce que mon grand-père me mettait une pression énorme. Je lui ai dit : « Papa, je crois que j'ai envie d'arrêter… » Je n'avais pas le vocabulaire pour expliquer ce que je ressentais, mais la réalité était que je n'étais pas épanoui. Je venais d'un petit club où le foot était un jeu, et je n'aimais pas l'atmosphère, à l'OGC Nice, où même les éducateurs étaient sous pression. Je n'étais pas prêt pour ça. Mon père m'a écouté, puis m'a seulement dit : « Finis la saison, et tu verras... » Je n'avais pas encore complètement lâché le tennis, je m'interrogeais, mais cette discussion m'a soudain enlevé un poids : je ne sentais plus la contrainte, puisqu'il me laissait libre de choisir, plus tard. Si bien que j'ai fini très fort la saison, et tout est parti de là. D'autant que l'entraîneur de l'équipe 2, Pascal Herbette, allait devenir celui de l'équipe 1 la saison suivante. Il m'a fait confiance, et j'ai explosé, enchaînant les sélections en Ligue Méditerranée, chez les moins de 15 ans nationaux en étant surclassé, puis en moins de 17 ans, où j'ai joué avec des gars qui avaient deux ans de plus que moi. De l'avantage de ne pas tout garder pour soi, de dire les choses, parfois, même avec peu de mots. Rien n'a jamais été simple, dans ma progression, mais c'est le sport de haut niveau, et le seul chemin pour y parvenir et y rester, c'est sûrement un combat, tout le temps.

La pression que me mettait mon grand-père était considérable. Je pense qu'il était émotif, et que son tempérament l'amenait vers les extrêmes. Quand je faisais un bon match, il m'en parlait pendant des heures, il était fier. Mais quand je faisais de mauvais matches, il réagissait négativement. J'étais entouré de l'amour de mes grands-parents, et il est arrivé que celui de mon grand-père m'étouffe un peu. Pendant que ma grand-mère, depuis ma première année en benjamins, découpait et conservait tout, même le simple résultat de l'équipe dans *Nice-Matin*, mon grand-père venait à tous les entraînements de l'OGC Nice, sur le terrain annexe du stade de Ray, et il commentait tout. Quand je faisais un arrêt, même simple, il lançait : « C'est bien, bel arrêt ! » Mais si je relâchais un ballon, j'avais droit à un sonore « Ne relâche pas le ballon ! ». Il poursuivait ses critiques sur le trajet du retour dans la voiture, et si mes exploits duraient plus longtemps, mes erreurs aussi, et le voyage pouvait être parfois long. Je ne l'ai jamais autant rendu fier qu'après un match Monaco-Nice en moins de 15 ans, un 0-0 après un match dingue : il m'en a parlé pendant des semaines. Tout était intense, ses reproches et sa fierté. Je me souviens de ça aujourd'hui avec beaucoup de tendresse, mais à un moment de mon adolescence, c'est aussi quelque chose que j'ai été tenté de fuir.

En grandissant, et en franchissant les étapes, l'une après l'autre, je ne me suis jamais demandé si j'étais bon, au foot, ou meilleur que les autres. J'essayais seulement d'être à la hauteur des attentes de mon grand-père. Même la reconnaissance extérieure ne m'a pas apaisé. Quand j'ai commencé à apparaître dans les sélections régionales, ce n'était pas suffisant à mes yeux. Le véritable basculement viendrait le jour où je commencerais à m'entraîner avec les pros. Avant, le foot était seulement ma passion et mon plaisir, mais je me consacrais à parts égales au lycée, et si je n'avais pas trop de liberté entre le travail scolaire et les entraînements, c'est de cette manière que je me suis construit. Au fond, mon tempérament de gardien était déjà là : j'étais sérieux, discipliné, et en même temps je ne tenais pas en place. Comme ce jour, au club de tennis, où je suis monté sur le toit du club-house, à cinq mètres du sol, pour aller chercher un ballon, et où je suis passé au travers de la baie vitrée ; je suis retombé dans la réserve de Patrice, le propriétaire du magasin du club, comme un chat sur ses pattes ; ou presque, parce que je me suis ouvert la tête, le coude, et j'en conserve encore les cicatrices. Je me souviens surtout qu'en rentrant de l'hôpital mon père m'avait acheté un énorme macaron au chocolat. C'était la récompense de mon intrépidité, après qu'il avait eu plus peur que je n'avais eu mal.

Je travaillais à l'école, et je travaillais au foot. Lors de ma deuxième année à Nice, en moins de 13 ans, j'ai commencé à dégager moi-même aux six mètres. Longtemps, mon grand-père, toujours placé derrière moi, me criait dessus parce que je n'y arrivais pas. On jouait sur du sable ou du synthétique, le pied ne passait pas facilement sous le ballon, mais je me suis entraîné, et entraîné encore, et j'ai fini par atteindre le milieu du terrain. J'étais fin, maigre et, avec ma coupe au bol, Baratelli disait que je ressemblais à un gardien russe.

Je n'ai pas eu d'entraîneur de gardiens pendant longtemps, mais je n'ai pas oublié Didier Veschi, un éducateur formidable pour l'apprentissage du poste, qui terminait ses séances, parfois, avec un ballon de rugby, pour travailler les réflexes après les rebonds, ou alors les ballons aériens quand il montait des chandelles. Aujourd'hui, cela peut sembler basique, mais c'était nouveau, pour nous. Il nous apprenait à plonger, à nous relever. Il avait été gardien amateur, et disait qu'un très bon gardien est celui qui n'a pas besoin de plonger. Cela m'avait marqué. Il y a eu Abdallah Bah, aussi, que j'adorais, en moins de 17 ans. C'était un régal de s'entraîner avec lui.

J'ai obtenu ma première sélection en équipe de France de moins de 18 ans quand j'étais encore au lycée, où je suivais une scolarité normale. Les autres étaient en centre de formation, ou à l'INF de Clairefontaine. Il y avait déjà Yohan Cabaye, Younès Kaboul, Yoann Gourcuff, Didier Digard, ou encore Abou Diaby, l'un des joueurs les plus forts que j'aie croisé, mais dont le corps, malheureusement, n'a pas suivi. J'ai disputé et gagné mon premier match international en Allemagne (0-1), en 2003, avant le bac. Dans un reportage, plus tard, mon prof de maths de 1re avouerait que, avant cette absence pour cause de sélection, il n'avait aucune idée que j'étais un joueur de foot, et les autres profs non plus.

Au lycée, je voulais choisir la filière éco, comme mon père, mais il m'a plutôt conseillé un bac S, en disant que j'aurais plus de choix. Le football professionnel n'était donc pas un projet familial. Mais j'ai adoré le lycée. J'avais une classe fantastique en 1re et en terminale : pour la scolarité et le foot mêlés, cela reste mes meilleurs moments. J'avais deux copains avec moi, Stéphane, qui est resté un ami proche, et Jean-Marc, avec qui les contacts sont plus espacés aujourd'hui, mais que je voyais tout le temps à cette époque. Je n'avais pas de mal à suivre, en terminale S, mais je l'avoue, plus je me rapprochais du bac, plus j'ai été amené à faire des choix stratégiques. J'avais un emploi du temps surchargé, j'étais dans une filière normale sans le moindre horaire aménagé, mais j'ai adoré que ce soit la course tout le temps, l'entraînement, les cours, la vie. Cette période m'a aidé à canaliser mon énergie, et même si je ne peux pas demeurer très longtemps sans rien faire, aujourd'hui, je reste mieux en place. Les maths ne me posaient pas de problème, j'avais un bon niveau, et en sciences je suivais normalement. Mais quand je me suis rapproché du bac, pour ne rien laisser au hasard, mon père m'a payé des cours supplémentaires à « France-Maths » le samedi matin, puisque c'était le seul moment de la semaine où je n'avais rien à faire, de 10 heures à midi. C'était une petite classe, ça ne me dérangeait pas, et si j'avais match le dimanche je pouvais rester manger en ville et aller au ciné. Sinon, il venait me chercher et on filait au match. La course, toujours.

J'ai gardé les mêmes amis depuis le collège : Rok, Anthony, Stéphane, que je retrouverais aussi au lycée. Ils sont mes racines. Ils sont toujours là. J'ai plein de copains dans le foot et hors du foot, des amis aussi, mais les liens ne peuvent pas être les mêmes. Le début de l'histoire ne s'efface jamais. Il y a quelque temps, après une journée bateau, j'ai croisé John, un gars avec qui j'étais en 1re et en terminale. Il est dans la finance et on ne s'était pas vus depuis vingt ans, mais c'est comme si on s'était quittés la veille, on a parlé des mêmes choses, et de la même manière.

C'est au lycée, aussi, que j'ai rencontré Marine.

V

« Vas-y, fonce, c'est pour toi ! »

J'ai eu mon bac en juin 2004, en menant une double vie : j'ai disputé les demi-finales et la finale du championnat de France des moins de 18 ans pendant les révisions. Je l'ai réussi et, au même moment, Roger Ricort, qui allait devenir directeur sportif de l'OGC Nice, m'a annoncé que j'allais reprendre l'entraînement avec l'équipe de CFA, à la mi-juillet. Ma réponse a fusé : « Non. Je veux reprendre avec les pros. » C'était convenu avec Maurice Cohen, le président. J'ai obtenu ce que je voulais, mais il y avait quatre gardiens chez les pros, Damien Grégorini, Bruno Valencony, Hilaire Munoz et moi, et même si je faisais de longs entraînements spécifiques avec Enrico Pionetti, j'ai assez peu participé au reste des séances. En septembre, j'ai décidé de m'arrêter de m'entraîner avec eux pour retrouver le jeu. C'était une phase délicate, parce que lorsque le gardien numéro 3 des pros voulait jouer en CFA pour reprendre du rythme, j'étais relégué en moins de 18 ans et cela me freinait, au moment même où j'avais décidé, pour la première fois, de faire toute la place au foot. Je venais d'arrêter mes études, et ce que je vivais ne me suffisait pas. En janvier, heureusement, tout a changé à toute allure : Hilaire Munoz est parti en prêt, Bruno Valencony s'est blessé et, un jour, à la fin de l'entraînement, la veille d'un match de Coupe de France, on m'a annoncé que j'étais retenu dans le groupe pro et qu'on partait à la mise au vert. Il a fallu que je remonte chez moi pour me changer et préparer mon sac, pendant que les pros rejoignaient en voiture le lieu de la mise au vert, à Carros. Je venais d'avoir 18 ans, je n'avais pas le permis et c'est ma grand-mère qui m'a emmené à l'hôtel, où je me suis étonné de ne retrouver personne. C'était parce que le rendez-vous était fixé au restaurant, un peu plus loin. À mon arrivée, toute l'équipe m'a applaudi, comme on le fait pour les retardataires. Une sacrée première.

C'est aussi en janvier 2005 que je me suis assis pour la première fois sur un banc de Ligue 1, contre Lille et mon copain Yohan Cabaye.

C'était un premier aperçu et un bon apprentissage. Cela m'a permis de voir de près comment cela se passait dans un vestiaire professionnel avant un match, et à quelle vitesse allait le jeu. J'enregistrais les informations, je découvrais les rituels des jours de match et, à mon jeune âge, je trouvais que le temps était très long. J'apprécierais mieux, plus tard, ce temps ralenti qui permet de récupérer.

En avril, alors qu'on était à la limite de la relégation, je suis devenu numéro 2, et remplaçant au Parc des Princes, face au PSG, après la blessure de Bruno Valencony. On avait perdu au Parc, et Gernot Rohr avait été remplacé quatre jours plus tard par Gérard Buscher, mon ancien entraîneur en jeunes. C'est un joueur du centre de formation, Kamel Larbi, qui allait sauver le club en marquant un but décisif à Ajaccio à deux journées de la fin. Avec Buscher, qui m'avait confirmé comme numéro 2, on avait pris 8 points sur 12 pour arracher le maintien.

C'est l'été, aussi, où j'ai rencontré David Ginola. En fin de saison, Olivier Echouafni, un cadre de l'équipe, m'avait demandé de participer à un tournoi de beach soccer à Sainte-Maxime. David l'organisait, et il y avait de très bons joueurs comme Jimmy Floyd Hasselbaink ou Sabri Lamouchi. J'ai adoré jouer dans le sable :

c'était un bonheur de gardien. À la fin, quand mon père est venu me chercher, David est venu lui serrer la main en disant : « Votre fils ira loin. » Je l'ai croisé, depuis, et j'ai suivi ses traces à Tottenham.

Pendant l'été 2005, Frédéric Antonetti a été nommé entraîneur de Nice et je suis devenu champion d'Europe avec l'équipe de France des moins de 19 ans à Belfast. Notre équipe était une armada, et si la suite de l'histoire l'a prouvé, je le pressentais déjà. Il y avait plusieurs futurs internationaux français (Yohan Cabaye, Abou Diaby, Younès Kaboul, Yoann Gourcuff et moi), et de nombreux joueurs devenus professionnels avec de belles carrières (Moussa Sow, Didier Digard, Yoan Gouffran, Geoffrey Jourdren, Djamel Abdoun, Florian Marange, Frédéric Sammaritano, ou encore Yassine Moutaouakil, qui a joué plusieurs saisons en Angleterre). À cet âge-là, on croise des joueurs étrangers qu'on retrouvera, plus tard, comme le gardien allemand Manuel Neuer. À Belfast, je n'avais pas retenu son nom, mais il était déjà impressionnant, Manu, il prenait tout le but, et quand je l'ai vu jouer avec Schalke 04, un peu plus tard, je l'ai reconnu tout de suite.

Le début de la carrière professionnelle sépare les joueurs qui ont grandi ensemble. Jusque-là, on ne sait jamais qui va réussir et qui va rester sur le côté. Cette séparation tient à peu de choses, souvent : un peu de malchance, une blessure, un mauvais choix. J'ai intégré le groupe professionnel à Nice, en 2004, et signé mon premier contrat élite en même temps que trois autres jeunes du centre de formation : Kamel Larbi, Franck Padovani et Anthony Scaramozzino, juste après notre titre de champions de France des moins de 18 ans. On avait battu Lyon en finale, aux tirs au but. Avec nous, il y avait également Rok Elsner, le jeune frère de Luka, qui entraîne mon frère au Havre aujourd'hui. Mais de cette belle génération, je suis le seul qui a franchi le cap, alors qu'ils avaient tous un grand talent. Kamel Larbi est parti à Lorient en prêt, mais, à son retour à Nice, cela s'est mal passé avec Fred Antonetti. Franck Padovani a disputé quatre matches en Ligue 1, en 2005, avant d'être prêté à Toulon et de revenir en amateurs. Fabien Lamatina est allé jouer en Espagne, Ismaël Gace a fait carrière en National, alors que Mathieu Pecastaing a disputé quelques matches à Elche, en Espagne, avant de devenir pilote d'avion. Il y a toujours plusieurs manières de réussir.

L'arrivée de Frédéric Antonetti a redistribué les cartes pour tout le monde. J'ai découvert un entraîneur qui fonctionnait au mérite, faisait confiance aux jeunes, mais n'hésitait pas à les titiller. Me mettre ainsi la pression pouvait marcher, vu mon caractère facilement éruptif sur le terrain. Un jour qu'on m'avait demandé de faire une séance avec les pros pour faire le nombre, Malek Cherrad m'avait même lancé : « Eh, c'est pas la Coupe du monde, ici ! » Je comprends ce qu'il voulait dire, mais, pour moi, ça l'était : j'avais 16 ans, je passais d'un cours de maths à un entraînement avec les pros, je n'étais pas là pour m'amuser. J'avais ce côté posé, discret, respectueux et rationnel, et en dehors du terrain je ne faisais pas de bruit, on ne m'entendait pas. Quand je ne me changeais pas encore dans le vestiaire des pros, j'attendais devant leur porte qu'on m'invite à entrer. Mais sur le terrain, je ne faisais pas la différence entre un entraînement avec les gars de mon âge et les pros : j'avais la même énergie, et j'étais vraiment très agressif.

J'ai effectué mes débuts professionnels dans un match de Coupe de la Ligue contre Châteauroux à l'automne 2005. Je garde une reconnaissance infinie pour Fred Antonetti, qui a tout de suite vu quelque chose en moi, et qui a su tout à la fois m'intégrer, m'empêcher de brûler les étapes, me tester et me faire confiance. Je le croise peu, désormais, mais je n'ai pas besoin de lui parler, il reste pour moi une personne fondamentale de ma carrière, quelqu'un à qui je dois beaucoup. Sur le terrain, j'ai probablement fait ce qu'il fallait et lui ai renvoyé sa confiance, mais lui a pris le risque de faire jouer un très jeune gardien, et c'était rare à l'époque. Comme j'ai beaucoup de pudeur, moi aussi, on ne s'est jamais dit les choses, mais je l'ai vraiment apprécié, et c'est un des entraîneurs dont j'ai préféré les séances, même si on commençait la semaine par des tours de terrain. Ce n'était pas une relation paternelle, parce que j'avais ça, déjà, mais c'était une relation où entraient en jeu son âge et le mien, et dans laquelle passait de l'affection. Son adjoint, Jean-Marie De Zerbi, était une crème. L'entraîneur des gardiens était Bruno Valencony, et s'il s'agissait d'un moment difficile pour lui, puisqu'il aurait sûrement voulu jouer une année de plus quand on lui a proposé cette reconversion, il a mis du sien dans sa mission de me faire progresser.

J'étais le numéro 2, mais je jouais en Coupe de la Ligue, et quand on s'est qualifiés pour la finale au printemps 2006, Fred m'a aligné en Ligue 1 aussi, pour me préparer, en même temps qu'il imposait aux dirigeants de me faire signer pro tout de suite, alors que j'étais encore sous contrat de stagiaire. Je commençais à gagner de l'argent, mais je ne pensais qu'au présent, à mes objectifs. L'argent de mes premiers contrats allait sur un compte auquel je ne touchais presque pas. Je me disais que tout était fragile et que j'en aurais besoin plus tard. Cela m'avait permis d'acheter une voiture, quand même, et de m'installer dans un appartement où Marine me rejoignait souvent, à l'été 2005, au retour du championnat d'Europe des U19, pour être plus indépendant, mais tout était relatif : c'était dans la même résidence que mes parents, à Nice-Ouest. J'ai quitté le cocon familial parce que mes parents partaient tôt le matin et rentraient tard le soir, mais j'allais les voir après dîner, parfois, et j'étais chez eux tous les week-ends.

Malgré la défaite face à Nancy (1-2), la finale de la Coupe de la Ligue aura été une expérience superbe. J'ai adoré voir tant de Niçois au Stade de France, et toute la ville se préparer au rendez-vous des jours à l'avance. Cela reste un regret, parce que c'était la finale, parce que cela nous aurait ouvert les portes de la Coupe d'Europe, et parce que c'est ma ville, celle où je suis né et où j'ai grandi, et mon club de cœur, celui avec lequel j'ai appris la rivalité, avec l'AS Monaco et l'AS Cannes. Quand j'ai porté ce maillot, j'ai toujours ressenti que cela représentait plus qu'un club pour moi. Même remplaçant, j'étais le vrai Niçois, et avant même que je ne débute en pros, la Brigade Sud scandait mon nom, parce que j'étais le jeune Niçois qui venait de gagner le championnat de France des moins de 18 ans et le championnat d'Europe des moins de 19 ans. J'aurais pu commencer à me la raconter, mais j'ai toujours fait profil bas. Je visais tellement haut que je ne pouvais pas me prendre pour un autre alors que je n'avais encore rien fait. Avec Marine, quand on allait faire nos courses à Cap 3000, il arrivait qu'on me demande un autographe, mais ce début de popularité glissait sur moi. On m'avait beaucoup mis en avant pour la finale de la Coupe de la Ligue, j'avais eu droit à mes premiers plateaux télé pour France 3 Provence-Alpes-Côte-d'Azur, ainsi qu'à un reportage dans « Tout le sport », il me semble, et à quelques interviews. À cet âge, on peut se dire qu'on gagne un peu d'argent, qu'on est un peu connu, et s'endormir. Mais j'ai toujours regardé plus loin. Je ne dis pas que j'étais mature, mais je savais où je voulais aller : je voulais réussir à Nice, et partir.

Cette finale de Coupe de la Ligue, qui était ma grande première dans un Stade de France, où j'allais revenir si souvent, resterait à la fois un grand souvenir et une immense déception. Mais j'étais jeune, et une partie de moi pensait à ma progression, et à devenir numéro 1. J'ai toujours fonctionné comme ça. Une fois numéro 1, je chercherais à être l'un des meilleurs gardiens de la Ligue 1, puis le meilleur, puis le gardien de l'équipe de France. J'ai toujours été obsédé par l'étape suivante. Je n'ai pas vu plus loin que ça, mais j'ai vu aussi loin que ça.

Après la finale de la Coupe de la Ligue, Damien Grégorini avait terminé la saison comme gardien numéro 1, et je me souviens de mon état d'esprit : j'étais poli, cordial, respectueux, mais je voulais prendre sa place. Je n'étais pas là pour perdre du temps, ni pour m'en excuser. Mes références, c'était Fabien Barthez, Iker Casillas ou Gigi Buffon, qui avaient commencé très jeunes, et, s'ils n'avaient pas attendu, il n'y avait pas de raison que j'attende non plus. Mais le dire ne servait à rien. Il fallait agir, et j'ai fait comme si chaque entraînement était un match à gagner absolument. J'étais déjà prêt aux responsabilités, et j'avais un jeu qui le montrait de manière spectaculaire. Quand je revois les risques que je prenais, cette façon d'être sur un fil, de vouloir aller chercher tous les ballons dans la surface, de sortir sans cesse au-delà, je me dis que je n'aurais pas pu jouer toute ma carrière comme ça. Avant chaque match, mon grand-père me répétait : « N'oublie pas, c'est toi le patron. » Cette phrase m'a marqué.

L'été 2006 venu, trois jours avant notre premier match au Mans, Fred Antonetti a annoncé que je serais le gardien numéro 1 de l'OGC Nice, à 19 ans. Pour être honnête, si j'ai fait de très bonnes choses lors des dix premiers matches, il m'a fallu m'ajuster au niveau de la Ligue 1, par rapport à la vitesse du jeu et à la densité de joueurs dans la surface. J'essayais de dominer mais je sentais qu'il y avait des points à rectifier, comme sur le but que j'ai pris au Mans, où j'aurais dû attendre le duel dans la surface, au lieu de bondir très au-delà et de me faire éliminer. Mais j'enregistrais tout, je tenais compte de tout, j'en tirais les leçons, je touchais beaucoup de ballons, et après ces dix premiers matches j'ai commencé à faire gagner des points à l'équipe. On obtiendrait le maintien en toute fin de saison, après une situation critique à Lyon (1-1), en janvier 2007, avec l'éviction provisoire du président Maurice Cohen par deux actionnaires. Il était question que Fred Antonetti soit débarqué, mais ils sont restés tous les deux, et cela avait lancé notre remontée. Cette saison-là, Lionel Letizi, formé à Nice, l'ancien gardien international de Metz et du PSG, est arrivé en janvier pour m'accompagner et me mettre dans les meilleures conditions. En janvier, toujours, on a joué à Nantes pour les débuts de Fabien Barthez sous le maillot nantais. Il avait toujours été un modèle, une inspiration. Quand il m'a serré la main pour me saluer dans le couloir, j'étais un enfant, mais au-delà de sa réputation d'être sympa avec les autres gardiens, j'ai ressenti un peu plus que cela, une bienveillance. À la fin du match, qu'il a gagné (1-0), il est venu me rejoindre sur le terrain, me prendre par le cou, me demander mon maillot et me lancer cette phrase que je n'ai jamais oubliée, qu'elle ait été un simple encouragement ou une prédiction : « Vas-y, fonce, c'est pour toi… » J'ai toujours son maillot, chez ma grand-mère. Bon, c'est le maillot du FC Nantes, mais c'est surtout le maillot de Fabien. Depuis, il m'a dit qu'il voulait me donner un « vrai maillot » : je l'attends, Fabien, j'ai gardé de la place.

Mais ce mois de janvier 2007 aura aussi été particulier et très douloureux. C'est le mois où j'ai perdu mon grand-père, l'homme qui m'avait emmené aux entraînements, aux matches, et qui avait été derrière moi, tout le temps. Il avait des graves problèmes aux reins et s'était affaibli au fil des mois. Il venait moins me voir à l'entraînement, mais l'appartement de mes grands-parents restait ce qu'il a toujours été, un refuge stratégique de ma vie de lycéen et de jeune professionnel, puisque le hasard avait voulu que mes grands-parents habitent juste en face du centre d'entraînement et à quelques minutes du lycée. Même titulaire à Nice, j'allais déjeuner chez eux tous les midis en sortant de l'entraînement, et avant que je n'obtienne le permis, ma grand-mère me ramenait chez moi, parfois après la sieste. Quand j'ai remporté le tournoi de Toulon avec l'équipe de France espoirs, après avoir arrêté un tir au but décisif, ils étaient là, et j'avais offert à mon grand-père le trophée de meilleur gardien.

Depuis que j'étais devenu gardien numéro 1, mon grand-père pouvait seulement me voir à la télé, et même s'il était encore avec nous à Noël, il était très faible et ne sortait plus de chez lui. Je suis heureux d'avoir pu lui dire au revoir, et j'espère qu'il m'a reconnu, ce jour-là, peu avant sa mort. À l'entraînement qui avait suivi son décès, j'étais tellement ailleurs que j'étais allé voir Jean-Marie De Zerbi, l'adjoint de Fred Antonetti, pour m'excuser et lui en expliquer la raison. Je n'avais rien dit avant. Je gardais tout pour moi, à l'époque, et je ne parlais pas beaucoup.

Même si au moment de mon entrée dans le monde professionnel, mon grand-père était devenu moins présent, et moins pressant, on continuait à parler de foot ensemble. Il m'a beaucoup apporté, et sa mort m'a profondément touché. On n'est jamais préparé à ça. C'était un signe de plus que mon enfance était finie. Sur le terrain, j'allais devenir meilleur encore, c'était ma manière de l'honorer et de rendre hommage à tout ce qu'il avait fait et à tout ce qu'il avait été pour moi. Je lui devais d'avancer encore : il m'avait tellement poussé que je ne pouvais pas m'arrêter parce qu'il n'était plus là.

À partir de cette période, j'ai vraiment senti que je décollais. Il n'y a eu qu'un match, en fin de saison, où cela s'est mal passé. J'étais en fin de contrat, tout le monde parlait de moi et j'avais des contacts avec d'autres clubs. À Marseille, sur un ballon en profondeur, on avait mal communiqué avec Pancho Abardonado et Mamadou Niang en avait profité pour marquer. On était menés 3-0 et Fred avait hurlé, à la mi-temps : « Eh oui, c'est ça quand on n'est pas concentré sur le quotidien et sur cette fin de saison, et qu'on pense déjà la suite ! » Je l'ai pris pour moi. Il me reprochait de penser à mon départ, ce qui n'était pas le cas. D'ailleurs, sur les matches couperet, derrière, il n'a plus rien dit : j'ai fait des arrêts fantastiques, face à Sedan, Valenciennes ou le PSG, qui nous ont empêchés de tomber. J'étais fou, je prenais des risques énormes, et ça marchait.

J'étais en fin de contrat. En mai, j'étais sur la terrasse de mon appartement quand Fred m'a appelé. Je lui ai dit : « Coach, si vous restez, moi je suis là. Je ne fais pas confiance au club après ce qui s'est passé à Lyon, en janvier, mais je n'ai pas envie de quitter Nice et je veux poursuivre ma progression. » J'ai signé un nouveau contrat à Nice, malgré les sollicitations. Avant la fin du championnat, et c'était peut-être l'allusion de Fred à Marseille, j'avais rencontré Gervais Martel, le président de Lens. Et un agent italien avait fait le lien avec l'Inter, qui avait le Brésilien Júlio César, et me voulait comme un investissement à long terme, quitte à me prêter derrière. C'est aussi à cette époque que j'ai rencontré Claudio Lotito, le patron de la Lazio, avec qui je discuterai à nouveau pendant l'été 2023. Je voulais prendre le maximum d'informations, et décider. Mais au fond de moi, je n'avais pas envie de partir. On avait une belle équipe et la saison suivante serait bien meilleure. Je connaîtrais seulement une coupure pour une blessure au genou, accentuée quand je reprendrais trop vite, trop fort. J'en profiterais pour me renforcer, musculairement, gagner cinq à dix mètres sur les dégagements, même si je restais frêle. Sans mon maillot un peu large et mon jeu un peu fou, je n'avais que la peau sur les os, avec mes 74 kg pour 1,88 m. C'est à Lyon que je passerais à 78 kg, pour arriver à 84 kg en fin de carrière. La mode des maillots moulants, dans le foot, a bien fait d'attendre que je les remplisse.

VI

Une étoile dans le ciel de Nice

Ma dernière saison à Nice a été celle de la tristesse, du deuil, et d'une fraternité.

Ma mère est partie un jeudi, en avril 2008. Elle avait eu un premier cancer du sein, qu'elle avait surmonté après deux ou trois ans de traitement et de combat. Après la rémission, elle s'est un peu relâchée dans la surveillance, peut-être, et la maladie a gagné la vésicule biliaire. Son état de santé a commencé à se dégrader à Noël et dans les premières semaines de l'année 2008, mais comme elle avait déjà vaincu une fois le cancer, je me disais qu'elle allait le vaincre une seconde fois, qu'elle était déjà passée par là. Elle ne montrait rien, ne se plaignait jamais. Quand elle est partie à l'hôpital Princesse-Grace de Monaco pour la dernière fois, avec son ordinateur pour continuer à suivre ses dossiers d'avocate, on ne savait pas, ni elle, ni mon père, ni nous, les enfants, qu'elle ne reviendrait pas à la maison.

Dans les derniers jours, elle était très marquée physiquement et passait beaucoup de temps à se reposer et à dormir. Mais, dans ses moments de lucidité, elle travaillait. La veille de sa mort, j'ai eu un pressentiment, je ne sais pas pourquoi, et j'ai emmené mon frère, ma grand-mère et Marine la voir. Elle était très affaiblie. Je me souviens lui avoir donné un peu d'eau, et je crois que c'est à ce moment-là que j'ai compris. Le lendemain, après l'entraînement, je suis rentré chez ma grand-mère pour déjeuner, et quand je lui ai demandé, tout de suite, si elle avait eu des nouvelles de maman par papa, elle m'a répondu qu'elle était partie dans la nuit. Mon père m'avait laissé dormir, puis m'entraîner. On ne se cachait pas les choses, mais il avait toujours cherché à nous protéger. C'était lourd et compliqué à annoncer. Gautier avait seulement 11 ans, et il voulait le préserver, même si c'était difficile, sûrement impossible. Ce jour-là, je suis parti m'isoler. Le vendredi, le lendemain, j'ai prévenu tout le monde, et je suis allé m'entraîner quand même. Fred Antonetti m'a dit : « Tu peux faire l'impasse sur le match, rester avec ta famille. » Mais j'ai décidé de jouer. J'ai simplement demandé la permission de manger en famille le vendredi soir, avant de rejoindre l'équipe le samedi matin. On a passé la soirée ensemble, avec mon père, mon frère, ma grand-mère, et la tristesse était lourde, difficile à porter. Le chagrin était là. Mais mon père a fini par me dire : « Tu as un match à préparer, va à l'hôtel tranquillement, va passer une bonne nuit… » Je me suis rendu au Servotel, derrière le stade actuel, et en entrant dans le hall, le coach et le staff étaient là pour m'accueillir. Ils ne pouvaient pas trouver les mots, mais il n'y avait pas grand-chose à dire ; ils étaient là et c'était bien. Le lendemain, j'ai essayé de préparer ce match comme d'habitude en sachant que c'était impossible, mais quand le kiné historique du club, Philippe Boulon, m'a massé avant le match, j'ai senti qu'il m'enveloppait aussi de la chaleur dont j'avais besoin.

Avant le coup d'envoi, le stade du Ray a observé une minute de recueillement pour ma mère. C'est quelque chose de partager ce chagrin-là avec sa ville, et avec ses coéquipiers. C'est quelque chose, une équipe. J'avais 21 ans, je vivais un drame familial, mais j'avais une relation tellement chaleureuse et fraternelle avec les anciens, Lilian Laslandes, Cyril Rool, Olivier Echouafni, que je me suis senti protégé, au chaud. C'était mon équipe, mon cocon. Ils ne m'ont pas laissé seul avec ma peine. J'ai fait un sacré match contre Lille. J'avais essayé de contrôler mon émotion pendant la minute de recueillement mais, ce soir-là, j'avais de mauvaises ondes à faire sortir et cela ne pouvait se faire que par l'effort. J'étais très triste, si triste, juste avant le match, et je l'ai été de nouveau et pour longtemps juste après, mais ce match, au milieu des gens qui étaient là pour moi et voulaient me protéger, aura été une évasion loin de la tristesse. Si j'avais dû jouer pour moi, je me serais effondré. C'est parce que je le devais aux autres que j'ai pu disputer un vrai match dans ces circonstances. J'avais malheureusement connu cette peine un an avant, après le décès de mon grand-père, et je m'étais réfugié dans le travail : je voulais continuer à le rendre fier. J'ai ressenti ces mêmes émotions trop intenses et parfois contradictoires ce soir-là, mais je sais que je voulais être bon pour elle, encore. Quelques jours plus tard, toute l'équipe était présente aux obsèques. L'enterrement avait eu lieu à Carras, en bas de chez moi, et après la cérémonie les joueurs nous attendaient dehors en formant une haie d'honneur avec l'ensemble du club. Ils resteront toujours les gars qui ont été là pour moi.

Dans ce drame ont émergé la beauté du sport, la solidarité, la bienveillance.

Je me souviens de la dignité de mon père dans l'épreuve, qu'il a vécue avec une énorme pudeur. Il nous protégeait complètement et, pendant qu'il essayait de tout régler, la cérémonie, l'enterrement, ma grand-mère veillait sur nous. Sur la maladie de ma mère, il partait du principe qu'il nous préservait en ne nous disant pas tout. On savait, mais on ne savait pas tout, et c'est souvent comme ça, dans la famille : il y a parfois des choses qui manquent de précision, qu'il faut deviner, ressentir. Mais on s'en est sortis, et c'est un peu moins le cas, maintenant. Avec les épreuves, et le temps qui passe, mon père s'est plus ouvert ; la discussion est plus facile à présent que ses fils sont adultes. Mais il voulait nous préserver et c'était aussi la volonté de ma mère, que je n'ai jamais entendue se plaindre.

Ces épreuves m'avaient rendu un peu « mécanique ». Je gardais tous les sentiments à l'intérieur, je n'avais pas envie d'exprimer ma tristesse. Je me suis réfugié dans le travail et la compétition, c'est de cette manière que je me suis protégé. Je ne voulais pas que le deuil me ronge. Je suis sensible, pourtant, mais j'ai essayé de ne pas le montrer. Marine se souvient que j'étais un garçon triste à la maison, mais au foot je m'évadais, j'essayais d'oublier. Il y a toujours eu beaucoup de pudeur, dans la famille. Jamais de très grandes joies, peu de grandes tristesses. On ne fait entrer personne, on intériorise, on garde pour nous. J'extériorisais grâce au foot ; c'était ma façon de faire le deuil.

Quitter mon cocon niçois pour rejoindre Lyon, à l'été 2008, m'a un peu arraché à la tristesse, mais j'aurais voulu aussi continuer de la partager avec les miens, et avec mon frère. Je me mettais à la place de Gautier, qui allait vivre toute sa scolarité sans notre mère. Heureusement, on pouvait toujours compter sur ma grand-mère. Elle est restée le roc de la famille. On ne parle pas beaucoup, mais on s'est toujours confiés à elle, et on a continué, quand on a pu, de venir déjeuner chez cette grande cuisinière, qui a joué au tennis toute sa vie, au Monte-Carlo Country Club, sur les plus beaux courts du monde. Pour Gautier, elle est devenue une figure maternelle, forcément. Quand je suis passé à Nice, récemment, mon père m'a raconté que Gautier appelait sa grand-mère tous les vendredis. On a chacun nos trucs, avec elle.

J'ai eu des hauts et des bas, forcément, d'autant qu'à cet âge-là je gardais tout à l'intérieur. J'avais réagi de la même manière, déjà, pour la disparition de mon grand-père. Je n'ai jamais été un grand bavard. Je le suis devenu un peu plus avec l'âge, avec la vie, avec l'expérience, mais à ce moment-là rien ne sortait. Je sais que ça n'a pas été facile pour Marine de me voir tout intérioriser alors qu'elle aussi avait vécu le drame, comme nous. Quand elle finissait ses cours plus tôt, elle passait voir ma mère pour s'occuper d'elle, lui réchauffer des plats ou simplement s'assurer qu'elle allait bien.

Je sentais que c'était le moment de quitter Nice et de franchir un cap, mais ce drame m'avait freiné. Je me disais que si je faisais une année de plus, je resterais avec mon père et avec mon petit frère. Ma sœur, c'était autre chose ; elle vivait à Paris, à ce moment-là, elle était partie depuis longtemps et, si elle était toujours présente pour nous, je ne la laissais pas si je décidais de m'en aller. À la fin de la saison, on a eu une discussion tous ensemble, et Gautier, qui voulait que je réussisse, m'a poussé à partir. Il avait 12 ans.

En juin 2008, j'ai rencontré plusieurs clubs. D'abord Tottenham, via une entrevue à Paris avec Damien Comolli, le directeur du foot, et Juande Ramos, l'entraîneur d'alors. Ensuite, l'AC Milan, un club qui m'avait toujours fait rêver. Dida avait de gros problèmes de dos, Željko Kalac jouait, Christian Abbiati était en prêt à l'Atlético Madrid, et j'ai discuté avec les deux grands dirigeants milanais Adriano Galliani et Ariedo Braida. Là-bas, j'avais même croisé Yoann Gourcuff et son père, qui étaient en discussion pour le prêt de Yo à Bordeaux. Nous avions déjeuné tous ensemble, mon père, moi, Yoann, son père, Galliani et Braida. Après une première discussion le matin, les choses sérieuses avaient commencé l'après-midi. En arrivant à l'étage, au lieu d'entrer dans le bureau de Galliani, les dirigeants milanais m'avaient attiré dans la salle de trophées, en me demandant : « Il y a un joueur que tu aimes bien ? » J'ai répondu « Kaká », et ils m'ont immédiatement apporté son maillot. Milan me faisait vibrer.

Peu après, on m'a dit que Lyon était intéressé, mais je n'avais rencontré personne au moment où mon père m'a appelé pour m'annoncer qu'il était dans les bureaux de l'OGC Nice, avec Marino Faccioli, le directeur administratif de l'OL, Rémi Garde, le responsable du recrutement, et Maurice Cohen, mon président. « Passe au club », me dit-il. Je les ai écoutés, Lyon était quand même le plus grand club français de ces dernières années, et sortait de sept titres de champion de France d'affilée. Ils m'ont expliqué que Grégory Coupet allait partir, et puis Joël Bats, l'entraîneur des gardiens du club, le gardien de la génération Platini, championne d'Europe en 1984, a commencé à m'appeler une fois, deux fois, trois fois. Comme entraîneur de gardiens, il avait participé à la réussite de Bernard Lama au PSG et de Greg Coupet à l'OL. Il a su me parler : « Hugo, viens travailler avec moi, on ne va se mettre aucune limite. » Je l'ai senti sincère, authentique, et j'aurais l'occasion de le vérifier. Même Greg Coupet m'a appelé pour clarifier sa situation personnelle, mais aussi pour me vanter le club et Joël, en m'assurant que ce transfert pouvait être une étape vraiment importante pour mon développement.

J'avais donc ces trois propositions : Lyon, Tottenham et Milan. Même si Milan me faisait rêver, j'ai signé à l'OL. Avec Joël, j'ai trouvé une attention paternelle. Il m'a pris sous son aile. J'étais encore un petit jeune, avec beaucoup d'ambition, c'est vrai, mais beaucoup de respect aussi, et je me disais qu'un grand club croyait en moi et était prêt à me lancer dans le grand bain de la Ligue des champions. Je savais aussi que c'était la bonne trajectoire pour parvenir à l'équipe de France.

J'avais 21 ans. C'était jeune pour être gardien titulaire dans un club pareil. C'était, aussi, la première fois que je quittais Nice. Mon père, mon frère, ma grand-mère me disaient tous la même chose : « Vas-y, pars. Il faut donner un sens à tous les efforts que tu as fait jusqu'à présent, et tu viendras souvent nous voir. » Le plus difficile, sans doute, aura été de laisser mon petit frère à ce moment-là. C'était aussi un nouveau départ pour Marine, qui s'est débrouillée toute seule pour s'inscrire à la fac de Lyon, après avoir réussi son master 1 de psychologie sociale à Nice, et suivre un master 2 de droit et gestion des ressources humaines. On s'était rencontrés en terminale, on avait commencé à se fréquenter six mois après le bac, et partir à Lyon était une nouvelle aventure pour nous deux, qui nous a donné plus de certitudes encore. Dans cette période si douloureuse pour la famille, elle était une présence rassurante : j'avais au moins de la stabilité quelque part. Elle n'était pas une fan de foot à l'origine, mais elle l'a vécu à travers moi, et je pense que je n'ai pas dû être facile à vivre. Disons plutôt que je sais que c'était tout le contraire, tant mon rapport à la défaite était infernal. Et puis, au début de notre relation, je ne parlais pas beaucoup, j'étais très introverti. J'ai commencé à m'exprimer avec le temps. Je n'ai que de très belles choses à dire sur notre relation, sur ce que l'on a construit ensemble, sur nos enfants, sur la maman qu'elle est, sur le côté louve qu'elle peut avoir avec eux, en femme du Sud aux racines italiennes. Il lui a fallu s'adapter au rythme des matches et de mes déplacements : après la naissance d'Anna-Rose, elle s'est souvent retrouvée seule à Lyon, à 24 ans, et cela n'a pas été toujours facile. Heureusement, sa tante habitait à Villefranche-sur-Saône, près de notre refuge dans le village de Limonest, et elle passait souvent le week-end chez elle, au milieu des vignes du Beaujolais. On a adoré Lyon. Là-bas, nous avons grandi.

VII

Dernier carré

L'Olympique lyonnais dominait le football français, mais ce club ambitieux et très structuré financièrement recherchait la relation humaine, autour de Jean-Michel Aulas, un président très proche des joueurs. Quand j'ai signé à Lyon, il n'y avait pas encore d'entraîneur, mais on m'avait mis dans la confidence de l'arrivée imminente de Claude Puel. Le jour de ma signature, en traversant la rue depuis le siège du club pour aller déjeuner chez Argenson, juste derrière le stade de Gerland, avec Jean-Michel Aulas, Bernard Lacombe, mon père, Maurice Cohen, le président de Nice, et Marino Faccioli, j'avais longuement parlé avec Joël Bats, enfin. Je le sentais heureux de commencer quelque chose avec moi, on avait une envie commune d'écrire notre propre histoire et il a immédiatement cerné le jeune homme et le jeune gardien. Je lui ai donné ma confiance, j'ai fait tout ce qu'il m'a demandé, et il m'a éduqué au plus haut niveau. Il m'a annoncé tout ce qui allait m'arriver. C'était le début d'une relation longue et forte, et nous sommes aujourd'hui toujours en contact, bien sûr. Il restera toujours l'une des rencontres très importantes de ma vie. Il m'appelait « Poulet », comme tous ses gardiens.

Je suis entré discrètement, poliment, dans un vestiaire sept fois champion de France, avec ses stars, Juninho, Cris, Sidney Govou, Karim Benzema, l'étoile montante, Fred, et tous les internationaux, Anthony Réveillère, Jean-Alain Boumsong, ou encore Jérémy Toulalan, un grand joueur et un gars formidable, sans oublier un champion du monde, Fabio Grosso. Je serais aussi impressionné par le talent de Mathieu Bodmer, qui était mon partenaire de tennis-ballon : il suffisait de lui monter le ballon, et il finissait cliniquement l'échange.

Un jeune espoir un peu talentueux signant dans le meilleur club français en multipliant son salaire aurait pu perdre pied, mais je n'avais que de l'humilité et du respect, et en retour chacun m'a ouvert la porte en grand. Pour cette raison, je conserve une relation particulière avec le club.

Tous, les supporters, la ville, les dirigeants, ont tout fait pour moi, tout fait pour que je me sente bien, et m'ont immédiatement adopté. À Nice, on me disait « Tu vas voir, à Lyon, les gens ne sont pas sympas et il fait froid ». J'ai aimé les gens là-bas, et l'été la ville est un four.

Pendant le stage de préparation à Tignes, j'ai vraiment souffert avec Robert Duverne, le préparateur physique des Bleus et de l'OL. Je n'avais pas un corps adapté à cette demande, je n'avais pas le coffre. Joël allait me faire travailler dans ce domaine. Lors de nos premières séances à faire l'essuie-glace, je n'étais pas loin de vomir. Puisque Claude Puel était arrivé, il y avait parfois trois entraînements par jour. Footing à jeun, séance en salle à 10 heures, terrain l'après-midi : la vérité est que je n'étais pas prêt. Mais Joël, qui traitait ses gardiens comme des Formule 1, au détail près, au millimètre près, allait me préparer à enchaîner les matches. J'étais un produit brut, encore foufou, je ne savais pas me gérer, et j'allais commencer à comprendre que deux jours avant un match, il fallait baisser d'intensité, peut-être enlever les gants et faire autre chose ; et qu'il fallait reprendre, la semaine suivante, par des footings un peu poussés. À l'approche des matches, Joël me prédisait ce qui allait se passer : c'était une fois le jeu aérien, une fois les ballons en profondeur, en fonction du profil de l'adversaire à venir. Joël était plus qu'un entraîneur des gardiens, il avait une vision globale et c'était lui, du reste, qui préparait les vidéos avec Bruno Génésio, qui était à l'époque adjoint. Claude Puel était arrivé avec Patrick Collot, et entre ce nouveau duo et le staff historique la cohabitation était plus simple quand on gagnait.

Dans le coin des gardiens, j'avais bien senti que Rémy Vercoutre, doublure de Grégory Coupet depuis de longues années, était un peu déçu de ne pas être devenu numéro 1. Il avait très souvent joué, la saison précédente, après la blessure de Grégory Coupet, et sa réaction était normale. Mais lors d'une soirée de cohésion, alors que l'on buvait quelques verres après avoir dîné tous ensemble, il m'avait pris par le cou en me disant que j'avais du talent et qu'il serait derrière moi pour me pousser. À partir de ce moment-là, j'ai compris qui il était et j'ai su qu'il serait toujours positif. Je pense aussi qu'il avait apprécié qu'un type aussi discret que moi puisse être un aussi bon compagnon de soirée à une heure aussi tardive. J'ai beaucoup aimé ces moments, dont j'avais découvert les vertus à Nice à l'arrivée de Lilian Laslandes, qui, au-delà d'être un avant-centre remarquable, même à

38 ans, était un gars exemplaire qui aimait les relations humaines et se coucher tard, parfois, et qui nous avait permis de dépasser les périodes compliquées en nous rassemblant une fois par mois, ce qui nous offrait des occasions de mieux nous connaître en dehors du foot. Rémy, c'était le même genre. Il faisait tout avec franchise et le lien se créait.

En arrivant à Lyon, on m'avait parlé de deux choses : le derby contre l'AS Saint-Étienne, avec la couleur verte à ne jamais porter en se rendant à l'entraînement et à éviter en ville, et la Ligue des champions. On avait commencé la saison, en 2008, en perdant le Trophée des champions à Bordeaux aux tirs au but, alors que j'avais arrêté les deux premiers. Même quand j'en arrête deux, ça ne suffit pas, donc. On avait été champions d'automne avec 7 points d'avance sur Bordeaux, mais on s'était écroulés au printemps, perdant notre place de leader à la 32e journée et finissant difficilement. J'avais découvert les ressorts, les clans, parfois, et le poids du vestiaire d'une grande équipe. Il se disait que les joueurs et le reste du staff avaient écarté le précédent entraîneur, Alain Perrin, et on sentait bien que le club avait nommé Claude Puel pour en finir avec cette influence, et c'était aussi ce qui avait rendu notre saison compliquée. Des tensions allaient se révéler en janvier dans un clash entre Fred, notre avant-centre brésilien, et le coach lors d'une vidéo. Le nom de Fred revenait beaucoup dans les critiques et celui-ci s'était levé, soudain, en criant : « Fred, Fred, toujours Fred ! » Il était parti en criant en portugais. Les relations entre le coach et Juninho, mais aussi d'autres joueurs emblématiques comme Cris et Sidney Govou, s'étaient également tendues. Même si j'étais concentré sur mon défi de succéder à Greg Coupet, je voyais bien que l'on jouait mal, ou pas comme les joueurs le souhaitaient, et que l'on dépendait trop de Karim Benzema.

Cette saison-là, j'ai découvert la Ligue des champions, sa musique, les étoiles sur les maillots et dans les yeux, les grandes équipes, les semaines à deux matches. J'avais commencé par un nul au Bayern (1-1), puis par un match très mitigé à Bucarest (3-5), qui ne m'avait pas plu, mais heureusement sans conséquence, et on aura espéré jusqu'au huitième de finale contre Barcelone : après un nul à domicile au match aller (1-1), une véritable tempête avait éclaté au Camp Nou, où, après avoir été menés 4-0 en première période, et pris quatre buts en dix-sept minutes, on était revenus à 4-2 ; Karim avait eu une balle de 4-3, mais on ne pouvait pas espérer mieux (5-2) : Barcelone était injouable, cette saison-là.

Lyon aura été, aussi, le début de mes angines à répétition. Elles étaient violentes, survenaient trois ou quatre fois par an, avec de fortes fièvres. Elles étaient peut-être liées au rythme nouveau des matches tous les trois jours, à la fatigue qui affaiblissait mon système immunitaire, et au fait, sans doute, que je ne mangeais pas assez entre deux matches pour n'être jamais faible. Elles ne m'ont jamais quitté durant toute ma période lyonnaise. J'ai parfois joué avec de la fièvre, et même quand on arrivait à la calmer, je restais patraque et courbaturé, mais porté par l'adrénaline et le pouvoir du mental qui me permettaient de me concentrer sur le match et de me lancer dans l'arène sans y penser. J'ai tout imaginé, tout envisagé. Au total, ces angines ont duré six ans. Six années à porter une écharpe, à sécher mes cheveux ou à mettre un bonnet. Bizarrement, après deux saisons à Tottenham, elles ont disparu.

Le printemps 2009 avait couronné Bordeaux, et la qualité remarquable de son jeu en ces années-là, alors qu'on avait fini troisièmes, envahis par la déception d'un règne interrompu après sept titres de champions de France. Je ne l'avais pas vu venir. On avait été leaders longtemps, mais les problèmes étaient là : Juni allait partir, Karim aussi, on sentait que la machine déraillait, et le sprint final avait révélé notre fragilité. On sentait aussi les forces contradictoires du changement et de la stabilité dans le club, et une incompréhension réciproque : Claude Puel était venu pour construire quelque chose, mais dans un club qui dominait à ce point le football français, il n'y avait rien à construire.

Nous n'avons pas été champions de France en 2009. Ni en 2010. Ni en 2011. Ni en 2012. Je n'ai jamais été champion de France. Mais à Lyon, je suis devenu un autre joueur et un autre homme, et j'ai vécu de grandes saisons, de grands moments. J'ai ainsi disputé, au printemps 2010, pendant qu'un volcan islandais clouait les avions au sol, les demi-finales de la Ligue des champions, désormais acteur de ces grands matches qui me faisaient rêver, enfant, devant la télé de mes grands-parents.

À l'été 2009, l'OL avait recruté Lisandro López, rapidement rebaptisé Licha, Aly Cissokho, Michel Bastos et Bafé Gomis, qui avait beaucoup de classe. Sur le terrain, Licha allait très vite mettre tout le monde d'accord par son talent et sa grinta.

En championnat, on avait été leader après huit journées, mais il y avait eu tellement de changement dans l'effectif que la continuité avait disparu. Je ne sais pas s'il fallait vraiment reconstruire ou s'il fallait seulement s'appuyer sur le vécu. J'ai eu l'impression que le vécu comptait moins, après le départ de Juni et de Karim, et malgré la présence de quelques joueurs historiques comme Anthony Réveillère, Cris, Sidney Govou ou Kim Källström. Mais on aurait dû être champions, quand même. De mon côté, j'avais eu un début de pubalgie, soigné longuement par les deux kinés historiques du club, Patrick Perret et Abdel Redissi, deux personnes humainement et professionnellement exceptionnelles.

Heureusement, en Ligue des champions, on avait vécu des moments immenses. Comme cette première visite à Anfield, dans la phase de groupes, et cette victoire à Liverpool (1-2) : Jérémy Toulalan avait dû devenir défenseur central après la blessure de Cris, le jeune Max Gonalons avait égalisé et Chelito Delgado avait marqué le but de la victoire dans le temps additionnel.

Pendant toutes les années où l'OL dominait le football français, il avait été régulier en Ligue des champions mais sans réussir d'exploit dans les matches à élimination directe, passant trois fois les huitièmes, face à la Real Sociedad, au PSV Eindhoven et au Werder Brême, et ne dépassant jamais les quarts de finale. C'est dans ce contexte que l'on a affronté le Real Madrid de Ronaldo, Benzema, Kaká, Higuaín, Raúl, Casillas, Ramos, à la fin de l'hiver. Après notre victoire (1-0) à l'aller sur un but de Jean II Makoun, le match retour à Bernabéu est entré dans l'histoire du club. Ronaldo avait marqué très tôt, et j'en avais été frustré parce que le ballon, sur une frappe forte, était passé entre mes jambes. Ensuite, j'avais réussi plusieurs arrêts importants et, en seconde période, on avait été formidablement costauds et solidaires, jusqu'au but de Miré Pjanić, un grand talent, qui nous avait qualifiés (1-1). Il est impossible d'oublier sa première fois à Bernabéu. C'est un endroit où l'on ressent l'histoire. C'était un plaisir majuscule de le découvrir, et de s'y qualifier. C'était la première fois, aussi, que je croisais Iker Casillas, que j'avais salué avec un sentiment à la fois admiratif et compétiteur : j'avais envie de lui dire qu'il était un immense gardien, que je le respectais infiniment et qu'il m'avait inspiré dans ma jeunesse, mais que j'avais bien l'intention de le battre. C'est ce soir-là, aussi, que Licha avait affiché un message sur le paperboard, dans le vestiaire, avant le match. Il avait appelé Cris, la veille, pour le traduire en français, et Rémy Vercoutre l'avait rédigé : « *Ce soir, c'est à la vie, à la mort. On ne peut pas quitter ce stade sans avoir tout donné. N'ayons aucun regret. Bonne chance à tous. Licha.* » Il avait besoin de s'exprimer, ne parlait pas assez français pour se lancer dans un discours juste avant le match, voulait faire court et précis, nous toucher et créer une émotion différente dans le vestiaire avant notre plus grand rendez-vous de la saison. Aucun de nous n'a oublié ce message, qui était le même, au fond, que celui qu'il faisait toujours passer sur le terrain, où il était un formidable leader d'efforts. Il donnait envie de le suivre.

En dehors, c'était un gars qui aimait sa tranquillité. Licha était devenu mon voisin quand il s'était installé dans la même résidence que moi, à Limonest, au nord de Lyon, et cela nous avait rapprochés, bien sûr. On buvait un maté le matin avant de descendre ensemble à l'entraînement et on passait du temps, aussi, avec Sidney Govou et Rémy Vercoutre. Rémy parlait un peu espagnol, faisait le lien, et moi, je ne sais pas vraiment comment on échangeait. Mais il avait vite parlé français, il était brillant, et parfois on se comprenait d'un regard, le langage naturel de deux gars réservés. On aura passé beaucoup de temps ensemble, et quand j'ai quitté Lyon, en 2012, nos rituels m'ont manqué. Cet été-là, alors que Marine était à Nice et que je mangeais tout le temps chez lui, il m'avait dit de foncer quand la proposition de Tottenham est arrivée, entre deux matches du Racing de Buenos Aires, son club de cœur, que l'on regardait ensemble, parfois à pas d'heure.

Avec Licha et tous les autres, on est tombés sur Bordeaux en quart de finale de la Ligue des champions, après avoir éliminé le Real. C'était étrange d'affronter une autre équipe française, mais cela reste un grand souvenir, d'autant que j'avais été assez chaud, à l'aller comme au retour. À l'aller, à Gerland, on avait eu un peu de réussite. Bordeaux avait été puni de ses fautes, et malgré notre victoire (3-1) on savait qu'on allait souffrir au retour. Licha était suspendu, on avait pris un but juste avant la mi-temps, et la fin de match avait été une tempête, avec des ballons qui revenaient sans cesse dans notre surface, jusqu'à un arrêt décisif sur une tête de Wendel (qui sera dans mon top 5, j'y reviendrai). Mais on avait tenu (1-0) et c'était magnifique, le club était pour la première fois en demi-finale de C1, dans le dernier carré de la plus belle compétition de clubs du monde.

On ne saura jamais ce qui serait arrivé sans l'Eyjafjallajökull et ses cendres de panache volcanique, ramenées par les vents depuis l'Islande sur l'Europe continentale. Au printemps 2010, les transports aériens ont été perturbés dans des proportions sans précédents, avec la fermeture de nombreux espaces aériens. Partis à Bordeaux en avion, on était revenus en car, et pour aller disputer notre demi-finale aller de Ligue des champions à Munich, le plus grand match de l'histoire de l'OL et de la plupart de nos carrières jusque-là, on a fait la route en mini-van : huit heures de voyage, plus les arrêts pour se dégourdir les jambes. Ce n'était pas exactement une préparation à la hauteur de l'événement et de notre besoin de récupérer, dans la période la plus intense de la saison. Tout a bien commencé, avec le carton rouge de Franck Ribéry qui a obligé le Bayern à jouer à dix, mais en seconde période, Jérémy Toulalan a été expulsé à son tour et Arjen Robben a marqué en fin de match. Max Gonalons m'avait masqué la frappe flottante, s'était tourné un peu, ce qui m'avait fait réagir avec un temps de retard. Les buteurs se souviennent de tous leurs buts, mais les gardiens aussi.

À 0-1, on pouvait rêver d'un grand exploit au retour, chez nous, à Gerland, mais la vérité est que l'on n'a pas rêvé longtemps. On est sans doute partis à l'abordage trop fort, trop vite, après la causerie du coach qui avait insisté sur la nécessité de marquer tout de suite, sans nous demander de calculer, alors qu'on aurait pu garder l'équilibre, d'abord, au lieu de s'ouvrir et de prendre des rafales. Les journaux allaient titrer « Une fessée et Olić », après que l'avant-centre du Bayern aurait inscrit les trois buts (0-3). Soupçonneux, déçu, Jean-Michel Aulas a comparé les chiffres athlétiques habituels d'Olić en Bundesliga et ceux de sa soirée lyonnaise, et de fait la différence était incroyable : ces chiffres étaient passés du simple au triple pour les sprints à haute intensité. On avait eu le sentiment d'un rouleau compresseur. Mais demi-finalistes de la Ligue des champions et deuxièmes de Ligue 1, ce n'était pas une saison ratée. Je me disais quand même que j'étais là où il fallait être. Je n'avais toujours pas de trophée, mais je ressentais une progression collective, en parallèle à mon évolution personnelle. Car j'étais devenu le gardien titulaire de l'équipe de France, et je me dirigeais, des rêves plein la tête et des étoiles dans les yeux, vers ma première Coupe du monde, en Afrique du Sud. C'était une immense occasion de marquer l'histoire. Je ne pouvais pas deviner qu'on le ferait à ce point.

VIII

Faire barrage

En signant à Lyon, le club français qui représentait la France en C1 et exposait le mieux ses joueurs, je pensais forcément à l'équipe de France. Je n'ai pas beaucoup attendu. J'ai été convoqué pour la première fois dès le mois d'août 2008, en Suède (2-3), où Steve Mandanda serait titulaire. Aucune hiérarchie n'avait été annoncée par Raymond Domenech. J'imagine que Steve était au courant qu'il allait jouer, mais moi je ne savais pas que je n'allais pas jouer. En fait, je n'ai jamais pensé que j'étais remplaçant. Je n'ai jamais accepté de l'être, j'ai toujours eu l'ambition de plus. Steve avait l'ancienneté et le talent, et avait été à l'Euro 2008, deux mois plus tôt. Donc je restais moi-même, discret, poli, correct, et très respectueux de Steve, que j'avais déjà côtoyé en espoirs, mais il n'était pas question que j'accepte d'être remplaçant. Steve sortait d'une superbe saison avec l'OM, il s'était imposé dans le club le plus populaire de France, mais ce contexte allait me motiver plutôt que me freiner. Je n'avais pas envie d'attendre. J'ai été remplaçant une fois, deux fois, quatre fois, mais en octobre je me suis dit que j'allais au moins disputer le match amical contre la Tunisie, et fêter ma première sélection. En guise de quoi j'ai été envoyé jouer le match retour qualificatif de l'équipe de France espoirs contre l'Allemagne, à Metz, une équipe dont je ne faisais plus partie, et au sein de laquelle le gardien, Rémy Riou, avait été performant au match aller. Je suis allé à Metz, j'ai plutôt fait un bon match, mais on a été éliminés sur un but à la dernière minute, et toute la séquence était irrespectueuse pour Riou et pour l'idée que l'on se fait d'un groupe poursuivant un objectif. Je l'ai très mal pris, c'est vrai : soit je faisais partie de l'histoire, je disputais l'aller et le retour et c'était une aventure collective d'une semaine, soit je ne venais pas du tout. Débarquer pour quarante-huit heures, ce n'était pas bien. À l'égard des deux gardiens, Rémy Riou et Benoît Costil, et compte tenu de l'idée que je continue de me faire de la gestion d'un groupe, ce n'était pas correct.

Je serais récompensé de ma première sélection un mois plus tard contre l'Uruguay, peut-être parce que l'équipe de France avait connu des moments délicats, depuis l'été, et que ce match amical était une bonne occasion de me voir à l'œuvre. En sélection, il faut savoir saisir sa chance, au bon moment. C'était le début d'un duel de gardiens qui allait durer longtemps, parce que chacun était performant en club, mais en novembre 2008, je ne ressentais pas encore la pression. J'ai vécu cette première sélection de manière intense. On avait quitté Clairefontaine le jour du match, la route était longue et tout se mêlait, l'excitation, la fierté pour ma famille, qui était devant la télé, avec la même pensée, toujours, pour ma mère et mon grand-père, là-haut. Cette première sélection donnait un sens à tout ce que j'avais pu faire avant, tous les choix, tous les sacrifices. J'étais entré sur la pelouse du Stade de France derrière Patrick Vieira et devant Thierry Henry.

Pour moi, ce n'était qu'une étape. C'était ma première sélection et je voulais déjà plus. Ce n'était pas la première fois que j'étais retenu comme numéro 2. Déjà, en sélection des moins de 14 ans de Méditerranée, cela m'était arrivé avec Bruno Bini, le futur sélectionneur des Bleues : j'étais sur le banc alors que le titulaire jouait à un niveau inférieur, et après deux défaites j'avais enfin joué pour le troisième match, qu'on avait gagné aux tirs au but. En moins de 18 ans, j'avais dû attendre, encore, avant de passer devant Geoffrey Jourdren. J'ai toujours dû aller chercher ma place de numéro 1, on ne m'a jamais rien donné. Je ne m'en plains pas, je me suis nourri de la compétition pour devenir meilleur dès les équipes de jeunes, à Nice. Même quand j'ai signé à Tottenham, en 2012, et alors que j'étais le gardien de l'équipe de France, il a fallu que je mérite ma place de titulaire. Seul l'Olympique lyonnais m'aura fait confiance tout de suite, et c'est pour cette raison, aussi, que je garde tant de liens avec ce club et de reconnaissance à son égard.

Chez les Bleus, je n'ai pas enchaîné tout de suite, mais, entre Steve et moi, la cohabitation était sans histoires. Bruno Martini, alors entraîneur des gardiens, nous protégeait équitablement tous les deux ; dans le staff se trouvait aussi Fabrice Grange, héritage de la cohabitation difficile entre Fabien Barthez et Grégory Coupet, en 2006, quand il avait fallu qu'ils aient un entraîneur chacun. Avec Steve, il n'y a eu aucune tension, et beaucoup de respect. La tension viendrait plus tard, mais ni entre lui et moi, ni à l'entraînement, ni dans la vie de groupe.

Elle viendrait de l'extérieur, dans la mise en scène inévitable de la concurrence par les médias.

Je n'allais pas rejouer en bleu avant France-Turquie (1-0) en juin 2009, à Gerland, à la maison, devant mon père pour la première fois, dans une ambiance folle avec des milliers de supporters turcs qui me lançaient des bouteilles de Coca-Cola pleines. Restait à savoir qui de Steve ou de moi serait le gardien titulaire pour entamer la saison suivante, à partir du mois d'août. J'ai su que ce serait moi la veille du match aux Îles Féroé, pendant l'échauffement, quand Raymond Domenech s'est approché de moi. On a gagné 0-1 dans le vent et la pluie, et en septembre, j'ai enchaîné contre la Roumanie, juste avant d'être expulsé en Serbie, accusé d'une faute sur Žigić que la VAR aurait annulée, j'en suis sûr. Je me suis alors inquiété de mon avenir en bleu. Mon père assure que je l'ai appelé, en rentrant au vestiaire, en lui lançant : « C'est fini pour moi, l'équipe de France. » Steve est entré à ma place, a fait tout ce qu'il fallait, et j'étais au fond du trou à cause de ce carton rouge et du sentiment d'injustice. Je revois Titi (Thierry Henry), qui avait égalisé, dire après la rencontre à Nicolas Anelka : « Nico, tu te rends compte ce que ça représente, ce chiffre, 50 buts ? » Il était fier et il avait raison. Il marquerait un but de plus avant la fin de sa carrière internationale.

En rentrant à Lyon, je n'ai pas vraiment douté et je suis resté performant avec l'OL. Raymond Domenech allait encore m'aligner en octobre contre l'Autriche, alors que je souffrais d'une pubalgie et que je ressentais comme des coups de poignard. La réalité, c'est que j'ai souhaité jouer malgré tout. Les barrages contre l'Irlande sont arrivés un mois plus tard, au bout d'un enchaînement d'événements intenses et un peu dingues, dans les jours qui ont précédé les rencontres, et qui n'ont pas vraiment éteint les braises, dans cette rivalité avec Steve.

Quelques jours avant le barrage aller, il y avait eu ce fameux 5-5 entre Lyon et Marseille, un dimanche soir, à Gerland, au cœur du débat entre les deux meilleurs gardiens français. J'avais commis au moins une erreur, sur le premier but, en voulant capter une frappe un peu flottante de Benoît Cheyrou que j'aurais dû repousser. Sur le deuxième, j'aurais pu faire mieux, encore, même si j'avais été très malheureux dans l'action : j'avais repoussé le ballon sur mon poteau, et en voulant l'éloigner il avait de nouveau frappé le poteau d'avant entrer dans le but. C'était une contre-performance, que j'aurais mieux digérée si on avait gagné 5-4, et un match sans aucune réussite pour les deux gardiens. Le lendemain, en arrivant à Clairefontaine pour le rassemblement avant les deux matches de barrage contre l'Irlande, personne ne savait qui serait le gardien numéro 1. Même si je jouais depuis l'été, même si j'avais repris ma place après la suspension consécutive à mon carton rouge, Raymond ne l'avait jamais annoncé. Mais la situation, au fond, correspondait à ma psychologie : dans ces moments-là, je ne me suis jamais dit que j'étais numéro 1 ou numéro 2. Je me disais seulement que je devais devenir numéro 1, c'est tout ; que je voulais jouer et que je devais aller chercher cette place. Je ne me mettais en compétition qu'avec moi-même ; si je m'étais focalisé sur Steve, cela n'aurait pas été bon signe.

C'est moi qui ai joué, au bout d'un rassemblement que Fabien Barthez avait à nouveau partagé avec nous, une idée de Raymond pour entourer deux jeunes gardiens. J'ai toujours apprécié le talent, le caractère de Fabien. Très tôt, il avait déclaré dans une interview qu'il aimait bien ce que faisait « le petit Lloris à Nice ». Il m'a toujours soutenu, mais sans jamais prendre parti pour Steve ou moi.

Ces deux matches de barrage pour la qualification à la Coupe du monde en Afrique du Sud, qui a laissé une trace plus complexe dans la mémoire collective, occupent une place particulière dans ma carrière et dans mes souvenirs. Parce que c'était un grand rendez-vous pour les Bleus et pour moi, âgé seulement de 22 ans, parce que les médias se demandaient si je méritais d'être le numéro 1, et parce que le sélectionneur de l'Irlande, Giovanni Trapattoni, avait déclaré la veille du match que j'étais l'une des faiblesses françaises. Ma grand-mère a conservé les coupures de presse, tous les titres sur le sauveur, le héros, l'homme du match, deux notes de 8/10 dans *L'Équipe*, « La France a son gardien », « Un vol parfait », « Lloris entre dans l'histoire bleue » sur le match aller, puis, après le barrage retour, « Il les a maintenus en vie », « Encore merci Lloris ! », ou « Lloris, le seul héros ». Je ne dis pas que je ne savais pas ce que l'on avait dit de moi, ou écrit sur moi, à l'époque, mais c'est aujourd'hui que je l'apprécie, de la même manière que j'apprécie enfin l'ensemble de ma carrière. En interview, j'avais déclaré avoir fait mon boulot. Ce n'était pas toute la vérité, parce que j'étais fier d'avoir été à la hauteur de l'événement, et fier de ma performance, c'est vrai.

On avait gagné 0-1 à Dublin (but de Nico Anelka), et alors qu'on m'avait dit que j'allais souffrir sur les ballons aériens, c'était dans ce domaine que j'avais été le plus fort. J'entends encore les mots de Bruno Martini après le match (« Hugo, c'est énorme ce que tu as fait aujourd'hui... »), mais je ne me rendais pas compte, et je pensais déjà au match retour. J'avais peut-être surpris beaucoup de monde, mais pas moi. J'avais déjà livré des combats semblables, dans un autre contexte. Ce barrage aller, c'était 12 millions de téléspectateurs, un enjeu suprême, ce Croke Park incroyable, rempli de 90 000 supporters, et cet hymne national irlandais, juste avant le coup d'envoi, à réveiller les morts. Jamais je n'avais vu un stade aussi vaste. J'avais adoré la passion et l'hostilité, elles m'avaient survolté. Je savais être attendu, au-delà de la prédiction de Trapattoni sur le « point faible » de l'équipe de France, et le match avait été un combat, sans un arrêt facile : le premier en me jetant dans les pieds de Robbie Keane pour tout enlever, dans mon style très dynamique de l'époque, presque extrême dans les duels, en avançant tout le temps ; le second sur un ballon aérien en deuxième mi-temps, qui avait été l'occasion d'une photo magnifique face à Kevin Doyle.

Tout le monde se souvient du barrage retour au Stade de France. Les Irlandais avaient mené assez vite 0-1, mais cela ne m'avait pas affecté plus que ça. Je me sentais solide, j'étais allé chercher tous les ballons aériens, parfois loin de mon but, et même lorsque le gardien irlandais Shay Given était monté sur le dernier corner, alors qu'on en était à 1-1 et que l'on tenait notre qualification pour la Coupe du monde, j'étais sorti pour intercepter et bloquer le ballon. On n'avait pas maîtrisé grand-chose au retour, c'est vrai, on était pris par la peur de tout perdre et le public avait la trouille, mais cette fébrilité ne m'avait pas touché. Ces quelques jours auront été un grand pas en avant dans ma carrière en bleu. À partir de ce moment-là, on allait me regarder différemment.

Dans ce match brûlant, depuis ma surface, je n'ai pas vu la main de Thierry Henry sur l'égalisation de William Gallas pendant les prolongations. Et je n'ai pas compris ce qui avait suivi. Ce barrage aura été un grand combat, incertain, mais il n'y avait pas eu une seule minute, sur l'ensemble des deux rencontres, où l'on ait été éliminés. Lorsque Thierry Henry a contrôlé le ballon de la main, on allait partir aux tirs au but, peut-être, mais on n'était pas éliminés. J'ai trouvé terriblement injuste le traitement infligé à Titi. J'ai eu l'impression qu'on lui faisait payer autre chose. Je n'ai pas compris le débat français :

il fallait vraiment n'avoir aucune culture sportive, en France, pour vouloir que le match soit rejoué, alors que ces événements sont au cœur de l'histoire du sport et de sa mythologie. Pourquoi la main de Maradona serait-elle la main de Dieu et celle de Titi la main du diable, alors qu'il s'agit exactement de la même chose, d'un réflexe instinctif de joueur ?

Juste après le match, dans l'ignorance de la tempête médiatique et politique qui approchait, Joël Bats m'avait fait la surprise de m'attendre dans le couloir. Je ne savais pas qu'il venait, on était rentrés ensemble dans la nuit, grâce à l'avion de l'OL, et je lui avais donné le maillot jaune que je portais et qui ressemblait au sien, pendant les années Platini. Il avait été le gardien de l'équipe de France en Coupe du monde, en 1986, mon année de naissance, et j'allais l'être à mon tour. Sept mois plus tard, on allait presque me reprocher d'avoir contribué à qualifier l'équipe de France.

IX

Knysna

Très tôt, on a vu les nuages. L'année 2010, qui semblait belle avec une demi-finale de Ligue des champions pour l'OL au printemps et ma première Coupe du monde, n'est pas parvenue à s'en débarrasser. Au-dessus de l'équipe de France, pas de ciel bleu. On a perdu face à l'Espagne en mars (0-2), avec le poids des polémiques et de la fébrilité du barrage retour contre l'Irlande. Les Espagnols nous ont fait courir après le ballon, et quand on l'a eu on n'a pas fait les bons choix. Autour de nous, l'atmosphère était négative, les personnalités politiques françaises continuaient de montrer leur goût pour l'instrumentalisation et leur peu de culture sportive en nous reprochant encore d'avoir triché, alors que cette main faisait partie du jeu, il suffisait d'avoir joué au foot dans une cour de récréation pour le savoir. L'été venu, ces gens-là nous reprocheraient de jouer contre notre camp, mais ce n'est pas nous qui avons commencé. En dehors de quelques jours, à Tignes, puis d'un match amical assez réussi contre le Costa Rica à Lens (2-1), la tension n'est jamais redescendue : tout était bancal, je ne vois pas comment le décrire autrement.

Si longtemps après, tout se confond trop souvent dans la seule explication de la grève et de la crise morale. Ce qui est arrivé en Afrique du Sud est plus complexe : il y a ce qui explique la grève, et ce qui explique l'échec. On oublie que l'échec est venu avant la grève. Que les responsabilités étaient partagées. Que nous étions seuls, sans dirigeants d'envergure autour de nous, dans une atmosphère française pesante depuis l'automne, avec un sélectionneur à bout de souffle, déjà remplacé par Laurent Blanc, ce qui lui enlevait une grande partie de son pouvoir aux yeux des joueurs, vu son historique tendu avec la moitié d'entre eux. Nous avons failli être une équipe après Tignes, et nous avons failli. On ne peut pas aborder une Coupe du monde sans valeurs collectives profondes, sans que chaque joueur ait envie de se battre pour tous les autres. C'est ce que nous avons fait, pourtant, au fil d'une préparation indigne d'une grande nation du foot. C'est là que tout a commencé, et que tout a fini.

À Tignes, j'ai cru à notre renaissance, pendant quelques jours, après l'effet positif d'une réunion provoquée par Thierry Henry, qui avait exposé son incompréhension face au manque de clarté des plans de jeu du coach. Pendant une heure, face au staff, il avait réclamé des précisions. Même en difficulté avec son club, puisqu'il ne jouait presque plus avec Barcelone, Titi faisait le lien. On ne savait pas encore, à ce moment-là, en tout cas moi je ne le savais pas, que le coach était allé le voir à Barcelone pour lui annoncer qu'il n'irait pas à la Coupe du monde, avant de changer d'avis en revenant. J'imagine, aujourd'hui, que les joueurs cadres de l'équipe étaient au courant. La réunion de Tignes a eu un impact positif, les entraînements ont été très bons, les activités hors foot réussies, comme cette nuit dans un refuge de haute montagne, qui serait malheureusement fatale à Lassana Diarra, forfait à cause d'un mal d'altitude. Le jour du rassemblement, avec les autres Lyonnais, je suis arrivé en hélicoptère à Tignes, où j'ai été accueilli par le célèbre berger niçois. Il me connaissait depuis l'enfance, et ce jour-là il était à vélo, comme d'habitude. Il regardait les matches au stade du Ray perché sur un arbre, dans un coin, et se baladait avec ses skis sur l'épaule les soirs d'hiver.

Je ne sais pas exactement pourquoi tout est parti en vrille. Mais je sais où et quand : en Tunisie, lieu de la deuxième étape de notre préparation à la Coupe du monde, où nos familles nous avaient rejoints. Il y a eu un avant et un après. J'ai vu le changement, soudain, dès le deuxième match de préparation, à Radès, contre la Tunisie : la renaissance, l'énergie positive, les promesses, l'esprit collectif, tout s'est éteint. On m'a parfois dit que l'affaire Zahia, qui avait impliqué certains Bleus, au moins médiatiquement, avait plombé l'atmosphère à l'arrivée des femmes, mais il y a surtout eu l'affaire du capitanat, qui a été attribué à Patrice Évra, ce que William Gallas n'a pas digéré. J'étais le petit jeune de 23 ans, on ne me demandait pas de choisir un camp, mais je sentais les tensions. Dans le groupe, après la Tunisie, les relations ne seraient plus les mêmes.

La vérité, aussi, c'est que la Fédération a fait n'importe quoi. On a fait une préparation pour faire plaisir, un arrêt en Tunisie, un arrêt à La Réunion, où il faisait mauvais et où les terrains étaient dangereux. J'ai connu, plus tard, des Coupes du monde où rien n'était laissé au hasard. Pas celle-là : sur ce plan comme sur bien d'autres, le début de mon aventure était aussi la fin d'une époque.

Une défaite contre l'équipe C de la Chine (0-1), un terrain catastrophique, La Réunion était clairement une étape de trop. Elle a trop révélé les problèmes qui allaient nous submerger. L'isolement de Raymond Domenech, qui n'avait plus le soutien des cadres, le flou dans le jeu, l'absence d'une équipe type, la cristallisation de quelques tensions autour de la médiatisation et de la popularité de Yoann Gourcuff, chez quelques cadres, et les états d'âme de William Gallas, qui soignait son mollet et ne digérait pas l'épisode du brassard. Il n'était plus le même. Sa déception était visible et même envahissante. Il avait appris la nouvelle sans ménagement, dans le vestiaire à Lens, avant le match contre le Costa Rica, et la manière avait ajouté à sa blessure.

En posant le pied sur le sol sud-africain, nos bagages étaient devenus trop lourds. Je me suis émerveillé, pourtant, de ma première Coupe du monde. Je ne me souviens plus du sentiment général, mais du mien, oui : l'excitation, l'attente, l'espoir. Et dans l'équipe, au milieu des tensions et des doutes, on pouvait ressentir ce que représentait ce rendez-vous pour tant de joueurs aux racines africaines. Mais il y avait toujours un mais, un grain de sable, une ombre. Et notre arrivée au camp de base nous avait laissés circonspects. Je me souviens de notre premier sentiment en découvrant l'hôtel Pezula, à Knysna, au-dessus de l'océan, un hôtel d'un luxe absolu : « Mais qu'est-ce qu'on fait là, au bout du monde, loin de tout ? » Le premier aéroport était à deux heures de route, et le terrain d'entraînement indigne. L'hôtel en lui-même était exceptionnel, mais ce terrain était dans une cuvette, c'était l'automne et il pleuvait beaucoup. De tous les hôtels que j'ai fréquentés en équipe de France, c'était le plus luxueux, et je ne sais pas si c'était approprié. En phase finale, il faut être à l'écart pour être concentré sur ses objectifs, mais le joueur a besoin aussi de ressentir la vie, la pression, le pays. Au Pezula, on était loin de tout, coupés du monde, et cet isolement a joué son rôle dans la catastrophe et dans l'enchaînement terrible des événements.

En entrant dans la compétition face à l'Uruguay (0-0), au Cap, tout le groupe était à fond, quand même, William aussi. La veille, on avait découvert cette ville magnifique, la montagne de la Table au-dessus de nous, l'océan au bord du stade. On avait regardé le match d'inauguration à la télé, avec le concert de Shakira : on ressentait enfin l'événement. Le lendemain, face à l'Uruguay de Muslera, un gardien de ma génération que je croiserais souvent, on a fait un bon match, en nous créant les meilleures occasions, dont une de Sidney Govou en première période. J'aurais souvent l'occasion de le dire, plus tard, lors des conférences de presse avant l'entrée en compétition : le premier match est tellement important... On se fragilise si on ne le gagne pas parce que le deuxième devient déjà une finale, qui vous élimine presque si vous le perdez. Avec ce 0-0, on était déçus, mais ce n'était pas la crise. On restait dans la compétition, avec nos problèmes, nos freins collectifs, notre jeu imparfait, mais encore qualifiables, avant notre voyage à Polokwane, dans un coin isolé d'Afrique du Sud. Une victoire contre le Mexique aurait pu cacher tout ce qui n'allait pas et transformer l'atmosphère. Mais notre défaite (0-2) allait révéler les failles, nous précipitant au bord du gouffre, de l'élimination. À la mi-temps, à 0-0, le vide n'était pas encore sous nos pieds, mais on était déjà sur un fil. On avait été très, très fébriles. Dans ce qui allait provoquer l'affaire, à la mi-temps, il n'y avait rien de nouveau : Raymond Domenech reprochait depuis longtemps à Nicolas Anelka de décrocher de son poste d'avant-centre, de venir chercher le ballon très bas, et de laisser un vide en pointe. Nico, qui jouait à droite en club, et parfois en bleu, n'a jamais été un point fixe, il a toujours aimé décrocher. Mais là, quand il venait plus bas demander le ballon, il y avait déjà Franck Ribéry dans cette zone, si bien que l'on n'avait pas d'appui devant, et que l'on ne faisait rien de bon. C'est dans ce contexte qu'est arrivée la fameuse mi-temps. À mes yeux, l'histoire demeure assez simple : le coach a reproché à Nico de décrocher, Nico l'a envoyé balader en lui répondant « Si t'es pas content, change-moi », quelque chose comme ça, et le coach a rétorqué : « Nico, tu sors, Dédé [Gignac], tu entres. » C'est la réaction de Nico, je crois, qui l'a décidé à le sortir. Mais cette réaction n'avait rien d'exceptionnel. Il était déçu et parlait dans sa barbe. Sous la colère et la frustration, il avait frappé le sol avec ses chaussures, et je n'ai même pas entendu ce qu'il a dit. Ce n'était pas un grand vestiaire, pourtant, on n'était pas loin les uns des autres. Nico a dû lâcher quelque chose comme « T'as qu'à faire ton équipe de merde », mais je ne sais pas exactement, et dans tous les cas je ne pourrais pas l'affirmer, parce que comme beaucoup, je ne l'ai pas entendu. On m'en a beaucoup parlé, après, mais je ne peux pas être un bon témoin. Mon impression est qu'il l'a dit sans le défier, d'une voix calme, basse, dans le vestiaire silencieux. Quand Raymond a lancé « Dédé, va t'échauffer », à aucun moment je n'ai pensé que Nico avait franchi la limite. J'ai vu des scènes bien pires dans ma carrière, qui ont été suivies d'excuses le lendemain, et c'était fini, on pouvait continuer d'avancer en équipe.

Je ne sais pas l'impact que l'incident a eu sur notre deuxième période, mais Nico était un joueur avec un statut important, qui avait marqué un but décisif dans notre barrage en Irlande, et avait pesé positivement sur notre qualification. Par-delà ce problème offensif, je voyais parfaitement ce qui se passait juste devant moi, en première période, notre fébrilité en défense, cette sensation d'être asphyxiés par les Mexicains. On était tout le temps en retard, on ne gagnait pas un duel, on était incapables de poser le jeu, et on faisait beaucoup de fautes. On était tous passés à travers, pas seulement les attaquants. En revenant sur le terrain, en seconde période, nos bonnes intentions n'ont pas suffi. On a pris un but après avoir joué à tort le hors-jeu, puis un second ; à présent il nous fallait un miracle, une victoire sur l'Afrique du Sud par deux buts d'écart tout en espérant une défaite de l'Uruguay face au Mexique, qui était déjà qualifié.

On était au bord du gouffre et j'étais hors de moi, lâchant seulement à la presse, en zone mixte : « Je préfère ne pas parler, sinon je vais déraper. » Je n'étais pas encore capitaine, je n'étais pas obligé de parler au nom des autres, et je n'avais pas envie d'en dire du mal. En tout cas, après le match, l'incident entre le coach et Nico n'était pas un sujet de conversation autour de moi. Mais pour les proches de Nico, Franck Ribéry, Thierry Henry, Éric Abidal, oui, sans doute.

On est rentrés à Knysna très, très tard dans la nuit. Le vendredi est resté un lendemain de défaite. L'équipe était morne et abattue. C'est le samedi que tout s'est tendu, après la parution de *L'Équipe* et l'exclusion de Nico. Si l'incident du jeudi soir en avait été la véritable raison, il aurait été exclu tout de suite. Ce n'est pas l'incident, mais la une de *L'Équipe*, avec son titre à la crudité sans précédent (« Va te faire enculer, sale fils de pute »), et qui ne correspondait pas à ce que j'avais entendu, qui provoquerait le renvoi de Nico. À partir de là, la journée de samedi est partie dans tous les sens. Pat Évra a commencé à courir en vain après Raymond pour lui signifier que le groupe était solidaire de Nico, et qu'on n'acceptait pas son exclusion. Mais il n'a jamais pu lui parler, le coach fuyait. Dans cette situation de crise, la FFF aurait dû calmer le jeu, gérer la communication de crise, recentrer le débat et nos énergies sur nos faibles chances de qualifications, pour remettre un peu d'ordre dans tout ça. Mais personne n'était là, ou personne n'en était capable, ce qui revenait exactement au même.

Isolés dans cet hôtel luxueux qui nous coupait du monde, livrés à nous-mêmes en l'absence de ceux, Noël Le Graët ou Jean-Michel Aulas, qui nous auraient empêchés de perdre pied, on a enchaîné les réunions. Dans la première, Pat Évra nous a expliqué la situation, et le groupe était avec lui, estimant que Nico ne devait pas être exclu. Il y avait, aussi, la problématique des excuses, Nico jugeant qu'il ne pouvait pas publiquement s'excuser de ce qu'il n'avait pas dit. Au fil des heures, les leaders ont été envahis, affectivement, par l'injustice faite à Nico, mais ces sentiments nous ont éloignés de ce qui aurait dû rester l'essentiel : on avait un match de Coupe du monde à jouer, deux jours plus tard, avec une chance infime de se qualifier, mais une chance quand même. Personne, dans l'équipe ou au-dehors, n'a su nous recentrer vers la préparation de cet objectif.

Lors de l'une des réunions, le samedi soir, a surgi cette question : quelle action pour marquer notre soutien ? Le débat, agité, désordonné, a abouti à la rédaction d'un communiqué, et à la décision non pas de faire la grève de l'entraînement, mais de ne pas s'entraîner devant les caméras, et de rester en salle. C'était un entraînement à J + 2 et à J – 2 d'un match, une séance légère. Cette colère collective avait pris trois directions : envers la Fédération, qui avait acté cette décision sous pression, envers les médias, et envers le sélectionneur, en qui on avait perdu toute confiance. Par extension, on se méfiait également du staff. Quasi éliminés, on commençait à comprendre que cela arrangerait tout le monde de nous faire passer pour des mauvais garçons, et les seuls coupables, comme si chacun voulait déjà se désolidariser de l'échec, par anticipation.

Il a existé une première version du communiqué. Jérémy Toulalan a proposé de le faire réécrire, ce qui était nécessaire. Je n'étais pas au cœur de tout ça, je venais d'arriver mais je voyais bien que l'extra-sportif prenait le pas sur la compétition, qui n'était pas terminée. Notre délégation ne formait pas un groupe fort comme j'allais en connaître, par bonheur, plus tard. L'explosion venait d'une accumulation de petites et de grandes choses, la rupture avec Raymond révélant des problèmes historiques plus profonds avec certains joueurs. En 2010, on portait le poids d'un héritage : en arrivant en sélection, je n'avais jamais eu l'impression d'entrer dans un groupe à l'atmosphère saine, plutôt dans un groupe où tout le monde pensait à sa gueule, un chacun pour soi qui ne pouvait rien donner de bon. L'Euro 2008 s'était mal passé, rien ne respirait la sérénité, et il n'y avait pas assez de leadership pour protéger l'équipe des coups de l'extérieur. Je continue de penser que si Thierry Henry avait joué, si Pat Vieira avait été là, si Noël Le Graët ou Jean-Michel Aulas étaient restés avec nous, on ne serait jamais arrivés à une telle catastrophe.

Après coup, on m'a beaucoup parlé des rumeurs entourant l'attitude de certains joueurs envers Yoann Gourcuff, mais je n'ai rien vu. Je crois surtout que Yo est une personnalité très réservée qui ne s'ouvre pas facilement aux autres, et qui n'avait pas vraiment de relations en dehors du terrain avec le socle de l'équipe, Pat Évra, Franck Ribéry, Nicolas Anelka ou Éric Abidal. Il était un talent émergent, il avait réussi des choses incroyables à Bordeaux, champion de France l'année précédente, et toute cette lumière braquée sur lui plaisait peu à des joueurs qui assumaient depuis longtemps plus de responsabilités en équipe de France. Mais je n'ai pas perçu d'ostracisme sur le terrain ; cela a pu être son impression, mais d'où j'étais, je ne l'ai pas vu.

Et il y a eu des histoires inventées, comme celle de la bagarre dans l'avion entre Franck Ribéry et lui. Cette histoire est fausse, mais elle reste la raison même de la visite de Franck Ribéry sur le plateau de « Téléfoot », le fameux dimanche, à l'hôtel. Au même moment, on avait une réunion entre joueurs et on se demandait : « Mais il est où, Franck ? » Alors qu'on avait décidé de ne parler à personne, il n'avait pas pu se contenir. En revenant de l'émission, il s'était justifié en expliquant qu'on racontait n'importe quoi sur lui, et que ça le touchait profondément, lui et sa famille. Il n'avait rien dit de notre décision, qui allait changer, d'ailleurs. On s'est dit : « Attention les gars, il y a des supporters venus de loin, on ne peut pas ne pas descendre. » On voulait rester en salle, montrer notre mécontentement envers les médias, la FFF et le sélectionneur, mais on ne pouvait pas faire ça aux supporters. On a donc décidé de nous rendre au terrain d'entraînement, de signer des autographes, et peut-être de faire lire notre communiqué. Sans les supporters, on serait restés en salle, et il n'y aurait pas eu de grève en direct devant toutes les télés du monde.

J'ai croisé le coach dans le couloir de l'hôtel, le dimanche à midi, après « Téléfoot » et notre réunion, en regagnant ma chambre. Je pense qu'il cherchait des infos. Je ne l'ai pas prévenu de notre action à venir, mais je lui ai dit : « Coach, je suis désolé, je ne peux pas me désolidariser du groupe, mais je pense qu'on va faire une connerie. » En descendant du bus sur le terrain d'entraînement, en milieu d'après-midi, on n'était pas sereins. On voulait rapidement signer des autographes et remonter. Mais lorsque Pat Évra a annoncé à Robert Duverne qu'on ne s'entraînerait pas, l'image de leur dispute a tout emporté : Robert était fou furieux et toute la scène était filmée en direct. Les gens se demandaient ce qui se passait. On est alors remontés dans le bus, et tout le reste a été une catastrophe. Dans ce bus, j'étais assis devant, un peu derrière le staff, sur la gauche. La situation est devenue intenable. Le staff n'a pas donné la permission au chauffeur de repartir, parce qu'il pensait pouvoir nous raisonner et nous convaincre de nous entraîner. Mais il y avait aussi l'affaire du communiqué, que les joueurs ne voulaient pas lire eux-mêmes, et que le coach allait finir par lire, de guerre lasse. Rien ne se déroulait comme on l'avait prévu, et on perdait totalement le contrôle. Notre plan était simple, mais tout était devenu compliqué, et c'était avant même d'avoir conscience de l'image d'une équipe de France faisant la grève en pleine Coupe du monde. Pour nous, c'était simplement un refus de nous entraîner devant les médias. Pour le reste du monde, ce serait tout autre chose.

La scène dans le bus aura été interminable. Tout le monde exigeait qu'on remonte à l'hôtel, certains joueurs tapaient sur les vitres, et plusieurs personnes sont montées dans le bus pour essayer de nous raisonner. On s'est posé la question, c'est vrai, de savoir s'il ne valait pas mieux descendre et courir un peu, mais on était coincés par notre position, sans autre choix que d'aller jusqu'au bout. Je connais toutes les questions que l'on se pose, aujourd'hui, sur les joueurs qui auraient pu se lever pour intervenir et arrêter ça. Si Thierry Henry avait encore été le capitaine de cette équipe de France, est-ce que tout cela serait arrivé ? Je ne pense pas. Mais Titi n'est pas un remplaçant, il n'a pas la personnalité pour ça. Quand on le prend, c'est pour le faire jouer, pas pour le laisser sur le côté. Même s'il avait été en difficulté pendant six mois au Barça, il était encore capable de nous apporter beaucoup. Si on avait disputé la Coupe du monde, c'était aussi grâce à lui, et pas seulement à sa main gauche. Il était l'un des quatre ou cinq plus grands joueurs français de l'histoire. Imagine-t-on quelqu'un oser faire vivre ça à Raymond Kopa, à Michel Platini ou à Zinedine Zidane ? On ne les imagine pas anonymes, au fond d'un bus, dans un groupe mené par d'autres joueurs.

Il y aurait tant à dire, tant d'autres responsabilités à mettre en lumière. En remontant le fil, et avec le recul de toutes ces années, je comprends mieux le mécanisme de l'affaire Knysna, et j'ai toujours le sentiment qu'au-delà de notre erreur, énorme, nous avons été sacrifiés. On a été complètement lâchés par le sélectionneur et la Fédération, et on a été attaqués par les journalistes. On avait des arguments, vraiment, pour expliquer l'échec, mais après la grève et le fameux dimanche, ils ont été balayés par la force de l'image et nous avons été décrits comme ingérables, torpillés par les journalistes qui étaient coresponsables de la crise. Aujourd'hui encore, il m'arrive de l'évoquer avec certains d'entre eux, et nous ne sommes toujours pas d'accord. Sans cette une, Nico aurait terminé la Coupe du monde, qui aurait été une faillite sportive retentissante, mais seulement une faillite sportive.

Je sais que le grand public a imaginé qu'il y avait dans le groupe des chevaliers blancs, des joueurs opposés à la décision collective et à qui on aurait imposé le silence. Mais non. Je n'étais pas d'accord avec l'éviction de Nico, et ensuite, ce n'était pas le moment de se désolidariser. Était-ce la bonne solution ? Non. C'était une erreur. On n'a pas été lucides sur la manière dont notre mouvement allait être interprété, parce qu'on vivait dans une bulle, et cette erreur nous a balayés. Pour nous, d'ailleurs, ce n'était même pas le coach qui avait demandé l'éviction de Nico, mais la FFF. Il y aura eu, aussi, cette scène lors de la conférence de presse du samedi, avec le président de la FFF, Jean-Pierre Escalettes, et Pat Évra, à un moment où chacun cherchait la taupe. Je me souviens des mots : « Il y a un traître parmi nous. » Avec l'expérience, je sais aujourd'hui que chercher une taupe est ridicule. Quand on parle à son entourage, à son agent, on ne peut pas savoir ce qu'ils vont faire de ce qu'on leur dit.

Le lundi, à Bloemfontein, lendemain de la grève et veille du troisième match Afrique du Sud-France, Roselyne Bachelot, ministre de la Santé et des Sports, est venue nous voir avec l'idée de mettre de l'ordre, mais elle s'est rendu compte qu'elle faisait face à des joueurs posés, raisonnables, qui argumentaient. Elle dirait qu'elle nous avait fait pleurer, et nous traiterait devant l'Assemblée nationale de « caïds immatures ». Elle avait donc de notre entrevue une mémoire étonnante, parce que j'avais plutôt eu l'impression que l'échange avait été cordial. Je me demande toujours comment elle a pu arriver à cette conclusion.

En fin d'après-midi, le coach nous a rassemblés : « Je vais faire des choix, mais s'il y a des joueurs qui ne se sentent pas en état de jouer, qu'ils le disent. » Il s'était déjà entretenu avec Éric Abidal, qui avait préféré ne pas jouer un dernier match de Coupe du monde. Je ne juge pas, parce que chacun avait une manière personnelle de vivre cette terrible situation collective. Mais on avait besoin de tout le monde pour espérer encore, et l'espoir n'aura fait que passer, face à l'Afrique du Sud (1-2). On était vidés par la tension, le stress et la pression de tous ces événements, et on n'a pas résisté à l'envie du pays hôte. Yoann Gourcuff a pris un carton rouge dans la première demi-heure, et moi j'ai pris le premier but en manquant ma sortie sur un corner, avec ces ballons horribles, beaucoup trop légers du fait de l'altitude. J'ai fait bien d'autres arrêts ensuite, mais il n'y aura rien eu de bon à garder de ce match, qui aura été le dernier de Thierry Henry avec l'équipe de France.

Il est resté de cette Coupe du monde des blessures et des cicatrices. Rien n'a été pareil, ensuite, entre les joueurs et les médias, et les réseaux sociaux n'ont rien arrangé. J'ai eu la chance, au moins, de vivre ce que cet échec a déclenché : Noël Le Graët a pu reprendre le pouvoir à la FFF et il a tout reconstruit. Le trio qu'il a formé avec Didier Deschamps et Florence Hardouin a longtemps été essentiel dans cette reconstruction, même si cela s'est mal terminé.

Plus tard, je me suis souvenu de Knysna et de l'importance de la relation entre le sélectionneur et les leaders quand je suis devenu capitaine. J'ai toujours essayé d'être un capitaine très équilibré. Je ne suis jamais monté très haut dans les moments de joie, ni descendu très bas dans les moments de crise, et c'est ce qui m'a permis de garder le cap. À Knysna, les circonstances auront fait de Pat Évra un capitaine très émotionnel et un peu aveuglé, décidé d'aller au bout de son idée. Tout ce qui aura été une qualité dans sa carrière, tout ce qui lui aura permis d'arriver là était devenu une faille pendant ces quelques jours. Dans toutes ses équipes, il aura exercé un leadership très intense. Ce n'est pas un reproche, parce que cela a été positif la plupart du temps, mais on n'avait peut-être pas besoin d'autant d'intensité au moment où on avait complètement perdu la notion de la compétition, aveuglés par nos problèmes internes, sans nous rendre compte de tout ce qu'il y avait autour. Le dimanche soir, après la grève, alors que les téléphones sonnaient dans les chambres et que tous les joueurs prenaient violemment la mesure de ce qui venait d'arriver, mon père avait été constructif et lucide dans la tempête : « Vous avez vraiment été complètement lâchés pour en arriver là. Vous vous êtes retrouvés tout seuls. » Tout seuls, mais ensemble, pour une fois, cet été-là. Je pourrais dire que je n'y étais pour rien, mais j'étais là, comme les autres.

X

Une coupe

Il a fallu digérer Knysna. En rentrant d'Afrique du Sud, à Lyon avec les autres Lyonnais, à l'aéroport, les médias étaient là, et un gars avait fait semblant de jeter un œuf dans notre direction, ce qui ne nous avait pas beaucoup amusés. Je ne sais plus comment on s'était dit au revoir, à Paris, avec le coach, mais cela n'avait pas dû être très chaleureux. J'avais 23 ans, l'envie de passer à autre chose, et je me disais que j'aurais une chance, peut-être, de jouer une autre Coupe du monde. Marine était enceinte, et je suis parti une semaine en Corse avec mon père, mon frère et des amis. J'avais peur du regard des autres et j'appréhendais de retrouver mes proches, mais personne, là-bas, ne m'a embêté avec la Coupe du monde.

Les médias et le personnel politique, eux, réclamaient des sanctions. L'été a été pénible pour Jérémy Toulalan, qui ne méritait pas ça. Son intervention partait d'un bon sentiment, il souhaitait seulement qu'on ne dise pas n'importe quoi et qu'on contrôle au moins notre communication. Toul est un mec en or, qui a souffert de cette affaire. Il avait 26 ans en Afrique du Sud, et il n'a jamais rejoué en équipe de France. Mais comme c'est un joueur formidable, il a par la suite montré de belles choses, notamment à Málaga et à Monaco. Nous avons tous été suspendus, au moins pour un match, et nous avons tous perdu nos primes, ce qui était normal, vu la fuite des sponsors et l'impact sur l'image de l'équipe de France.

Le championnat de France et l'OL auraient dû nous aider à oublier Knysna. Mais Toul, injustement envoyé en commission de discipline, était atteint, et Yoann Gourcuff, qui arrivait à l'OL, l'était tout autant. Sa présentation en public à Gerland était exactement ce qu'il ne lui fallait pas. Yo a toujours eu du mal à assumer ce poids, et il a un rapport particulier à la célébrité, voire à la compétition. On s'était parlé avant sa signature, je l'avais encouragé, mais ses cinq années lyonnaises auront été inégales. Je pense qu'il a été victime de son succès : il avait tout pour lui, réalisait des choses incroyables sur le terrain, on lui promettait un futur exceptionnel, et il lui a fallu tout assumer en même temps, les suites de Knysna, les attentes, le montant de son transfert. Son corps l'a freiné et il est entré dans un cercle vicieux qui ne lui a jamais permis de reprendre le dessus, physiquement ou mentalement. Quand il allait bien, il a accompli de superbes performances, mais après deux années à marcher sur l'eau avec Bordeaux, l'attente était très haute. C'est un super gars, mais la haute compétition n'a aucune pitié pour le doute ou la moindre forme de fragilité. La situation a créé des problèmes pour les finances du club mais aussi dans le vestiaire, où, pendant que Yo cherchait à retrouver ses sensations avec le ballon, les autres allaient au combat pour arracher des points.

Par rapport à Knysna, je me suis forgé une carapace et j'ai avancé, et cela m'a sans doute été plus facile parce que j'ai été épargné. La saison de l'OL a longtemps été difficile. Fin septembre, après avoir perdu le centième derby contre Saint-Étienne (1-0) sur un coup franc incroyable de Dimitri Payet, on avait glissé à la 14e place et vers la crise. Mais cette défaite ne m'avait pas atteint de la même manière qu'elle l'aurait fait quelques jours plus tôt, ou quelques jours plus tard : trois jours avant le derby, notre fille

Anna-Rose est née à Tassin-la-Demi-Lune, au nord de Lyon, pas très loin de notre maison de Limonest. C'était un événement immense pour nous et un très grand bonheur, qui m'ont vraiment aidé à relativiser.

Au fil des défaites, le public s'est retourné contre le coach, Claude Puel. Ce sera un poids, une énergie négative, qui planera au-dessus de nous pendant toute la saison. Mais on allait s'accrocher, remonter au classement et arracher la 3e place sur le dernier match à Monaco, grâce à une victoire qui ferait descendre l'ASM, le club de cœur de Claude Puel, mais sauverait Nice, à ma grande joie.

Même si ce redressement était le nôtre, d'abord, j'ai toujours admiré la gestion de la crise par Jean-Michel Aulas. Rien n'allait, il avait fait d'énormes efforts financiers, il attendait encore que son projet de grand stade voie le jour, il était bloqué par le contrat longue durée de Claude et les supporters commençaient à gronder. Mais c'est dans les gènes du club et dans la capacité du président à gérer les crises que de sauver une saison comme ça. Il était présent à tous les matches, à toutes les réunions d'avant-match, ce qui était à la fois une manière de mettre la pression sur les joueurs, sur l'entraîneur, et de dire qu'il ne lâcherait pas. Il nous rappelait sans cesse ce que la Ligue des champions représentait pour le club et, malgré les conflits et les tensions avec les supporters, il nous a fait comprendre qu'il fallait garder la même ligne directrice. Et que ces efforts, on allait les faire pour nous, pour notre avenir. Avec lui, en temps de crise, le niveau est plus haut que partout ailleurs, et c'est comme cela que l'on a fini une saison que l'on avait manquée à la 3e place. Mais c'était aussi un président qui avait beaucoup de respect pour ses joueurs, qui était toujours à leur écoute, ce qui ne l'empêchait pas de les convoquer pour les rappeler à leurs responsabilités. Il a également organisé des réunions pour essayer de comprendre pourquoi ça ne marchait pas avec Yoann, et comment on pouvait l'aider. Avec le président, c'était toujours constructif ; il était le visage du club, celui qui portait tout sur ses épaules. À Lyon, du moins à l'époque, tu ne te sentais jamais seul. J'ai beaucoup de respect et d'admiration pour Jean-Michel Aulas, et j'ai toujours gardé de bonnes relations avec lui. Si l'OL n'avait pas eu besoin de l'argent de mon transfert, à l'été 2012, je serais peut-être resté un an de plus. J'adore sa façon de défendre l'intérêt de son club, de son institution, sa manière de prendre les coups pour les autres. Son leadership protégeait tout le monde.

Quand Jean-Michel Aulas était avec nous, Bernard Lacombe n'était jamais loin. Il était un peu plus craint dans le vestiaire, notamment pour ses bons mots dans la presse ou sur la chaîne du club, mais j'ai eu d'excellentes relations avec lui dès le premier jour. Il était là pour les joueurs, principalement parce que c'était le jeu qui l'intéressait, et il avait toujours des histoires à raconter. Il avait beaucoup de bienveillance pour ceux qui donnaient tout pour le club, mais si tu trichais, alors ses saillies tombait. Les autres m'avaient raconté ses commentaires sur OL TV avant que j'arrive, et c'était un peu cru, sans filtre. Mais il se trompait rarement, parce qu'il connaissait le foot. Et quand il disait d'un joueur qu'il avait assisté à un bon match, ce n'était pas un compliment.

À Lyon, j'ai prolongé mon contrat tout seul, sans agent. J'en avais eu un, brièvement, en 2007, pour gérer la fin de saison niçoise, pour qu'on me laisse tranquille et qu'on laisse tranquille mon père. Mais quand je suis arrivé à l'OL en 2008, et qu'on m'a donné les chiffres de la proposition, je n'ai pas négocié : je multipliais par quatre un contrat que j'avais déjà prolongé dans de bonnes conditions à Nice. Je me disais que si j'étais bon, je serais payé en conséquence.

Si j'avais eu un agent, je ne suis pas sûr que j'aurais eu de meilleurs contrats. Peut-être que cela m'aurait ouvert d'autres portes, mais j'ai préféré les ouvrir moi-même et, à Lyon, cela a été vraiment simple. Pour prolonger mon contrat en 2011, j'avais vu le président à Cegid, son entreprise au bord de la Saône, et on n'avait même pas parlé de chiffres. C'est Vincent Ponsot, son directeur général, qui l'a fait, au téléphone. Cela n'a pas duré des nuits entières. Il m'a appelé un soir, alors que j'étais sur ma terrasse, à Limonest, pour me demander « mes chiffres », a-t-il dit. J'étais devenu titulaire en équipe de France, j'avais changé de statut, j'avais pris du poids dans l'équipe et dans le club, et j'ai proposé que l'on passe du simple au double. Il m'a juste répondu : « Je vois avec le boss, et je reviens vers toi. » Ils ont dit oui, cela a été rapide. Je savais ce que gagnaient les autres. Il y avait Licha, et Yoann un peu au-dessus avec son contrat Adidas, mais j'étais dans les trois plus gros salaires, et je n'avais pas besoin d'un agent pour réclamer 10 % de plus, qu'il aurait pris en commission. Un an après, quand je suis parti à Tottenham, le club anglais a mandaté un agent français, mais j'ai fait simple : j'ai demandé le même contrat qu'à l'OL, pas une livre de plus, mais pas une livre de moins non plus.

Claude Puel a été licencié en 2011, après notre 3e place. Il n'aura pas tout bien fait, mais on ne peut pas lui reprocher d'avoir baissé les bras. Il a tout donné, n'a jamais lâché, et il a vécu des moments pénibles, voire douloureux, dans une atmosphère violente. Il n'a pas remporté de trophée, mais il a réussi à maintenir l'OL trois fois en Ligue des champions. Je l'ai croisé en Premier League, plus tard, et j'ai gardé beaucoup d'estime pour lui. Dans le foot, on est tous de passage, ça marche ou ça ne marche pas, mais je n'ai rien de mal à dire sur lui : il croyait en moi, il m'a donné mes premiers brassards sur des matches de coupes, et il a contribué à ma construction. Avec lui, j'ai commencé à me rendre compte de la difficulté du poste d'entraîneur. Avant, j'étais concentré sur moi, je n'avais pas encore de vision globale sur la gestion d'un staff, d'un effectif, des différentes cultures, des ego, des clans, des cohabitations difficiles, des problèmes que peut engendrer une méthode trop rigide. Mais les joueurs n'ont jamais lâché non plus. On a respecté sa résistance sous les flèches, les tags personnels sur les murs de la ville, l'hostilité du stade. Cela n'aidait pas l'équipe, mais on a tenu. Il sera resté trois ans, et c'était un cycle, surtout sans trophée.

Rémi Garde a été nommé entraîneur en juin 2011, et j'ai beaucoup aimé cette saison avec lui. Il m'avait accompagné quand j'étais arrivé au club, et nos caractères allaient bien ensemble. Bruno Génésio était là, Robert Duverne revenait, Joël Bats continuait, Gérald Baticle nous rejoignait : je me suis dit que j'avais envie de rester à l'OL avec des gens que j'appréciais. En Ligue des champions, on s'est retrouvés, encore, dans la même poule que le Real Madrid, qui allait nous battre deux fois (4-0, 0-2). C'était le Real de José Mourinho, qui nous avait déjà éliminés la saison précédente en huitièmes (1-1, 3-0). Un an plus tôt, d'ailleurs, l'entraîneur du Real s'était approché de moi pour me demander : « Est-ce que je pourrais avoir ton maillot à la fin du match ? Mon fils aime les gardiens, et il t'apprécie beaucoup. » Forcément, je m'étais demandé si c'était sincère ou de l'intox, considérant le personnage et sa légende. Je lui avais donné volontiers, il m'avait remercié, et m'a promis qu'il me rendrait la pareille. À la fin du match retour, quelqu'un était venu me prévenir : « José Mourinho t'attend à l'entrée du vestiaire. » Il était là, avec dans les mains un maillot du Real sur lequel il avait écrit un mot pour dire son admiration et me souhaiter le meilleur. Je ne pouvais pas imaginer qu'il deviendrait mon entraîneur un jour.

Une fois de plus, en Ligue des champions, on s'est qualifiés pour les huitièmes de finale, après le miracle de Zagreb (1-7) lors du dernier match de poules, mais la déception a été immense d'être éliminés par l'Apoel Nicosie (1-0, 1-0) aux tirs au but. On aurait dû se hisser parmi les huit meilleures équipes européennes, cette saison-là. Pour décrocher un trophée, je comptais sur la finale de la Coupe de la Ligue, en avril, contre l'OM, mais on avait cédé sur un but de Brandão dans les prolongations (0-1), au Stade de France. On a su, au moins, revenir au même endroit, deux semaines plus tard, pour la finale de la Coupe de France, et face à Quevilly (1-0), grâce un but de Lisandro, j'ai enfin remporté le premier trophée de ma carrière professionnelle. Que l'on ait gagné la Coupe de France face à une équipe de National, deux niveaux au-dessous de la L1, n'a atténué ni notre joie ni notre fierté, parce qu'on avait sorti Bordeaux (3-1) après prolongations, en huitièmes, et qu'on avait réussi la performance de nous qualifier pour les demi-finales en éliminant le PSG au Parc des Princes (1-3). Il ne restait pas de gros, en finale, mais c'était aussi parce qu'on les avait battus. J'ai enfin connu la ferveur de la réception place des Terreaux, au balcon de l'hôtel de ville, où l'OL avait fêté tous ses titres de champions de France. Une Coupe de France, ce n'est pas ce que j'espérais en arrivant à Lyon, mais douze ans après, cela reste toujours le dernier trophée du club. Cet été-là, on avait même enchaîné avec le Trophée des champions, à New York, gagné aux tirs au but face à Montpellier, juste avant que je m'en aille.

Parce que je suis parti, cette fois. J'ai quitté l'OL et notre cocon de Limonest, direction Londres et Tottenham. Un nouveau club et un nouveau monde.

XI

Capitaine

J'ai porté le brassard de capitaine de l'équipe de France pour la première fois à Wembley, face à l'Angleterre (1-2), le 17 novembre 2010, sous les yeux de mon père. On n'y inscrivait pas de messages, à l'époque : il était bleu, blanc, rouge ; simple, magnifique. Laurent Blanc, qui avait remplacé Raymond Domenech, avait fait tourner le capitanat entre plusieurs leaders dans les premiers mois de son mandat de sélectionneur. J'avais 23 ans, c'était jeune pour être capitaine, mais je ne me suis pas posé la question de savoir ce que cela allait changer dans mon jeu, ni dans ma vie d'international. Je suis resté obnubilé par mes performances, c'était ma priorité. Entre 2010 et l'Euro 2012, je ne me suis pas senti capitaine, seulement un leader, dans une équipe qui était en train de se chercher et de se construire, et qui allait traverser la deuxième plus belle série d'invincibilité de l'histoire de l'équipe de France. Sur les ruines de Knysna, cette équipe aura enchaîné 27 matches sans défaite, entre la Biélorussie (0-1) en septembre 2010 et la Suède (1-2) en juin 2012.

J'étais leader et je ne parlais pas beaucoup, encore. Cela ne m'a jamais paru incompatible. Je ne sais pas si l'on naît leader, mais j'imagine qu'il y a des signes. Au début de ma carrière, je n'étais pas très expansif mais j'écoutais beaucoup, déjà. Les lendemains de match, à Nice, Fred Antonetti aimait bien demander notre ressenti. À 19 ans, je devais parler devant les autres. Comme face à la presse, j'ai toujours été plus à l'aise sur les après-matches. Avant un match, sauf message très spécifique à faire passer, je n'ai pas grand-chose à dire. Mais il y a des exceptions, comme avec Tottenham, lors de la première saison d'Antonio Conte, juste avant la venue d'Arsenal, qu'on allait balayer (3-0) : « Imaginez une seconde qu'Arsenal vienne gagner ici, nous prenne la 4e place et se qualifie pour la Ligue des champions, ici, chez nous, devant nos supporters. C'est impossible, ça ne peut pas arriver ! » Mais quand tu joues cinquante matches dans la saison, tu n'as pas toujours un message à faire passer.

À Lyon, Claude Puel, lui aussi, aimait bien demander aux joueurs de s'exprimer, surtout quand ça allait moins bien. C'est peut-être pour cette raison qu'il m'avait donné le brassard sur quelques matches, déjà. Quand Rémi Garde avait pris l'équipe, en 2011, il avait hésité, parce que j'étais parfois capitaine de l'équipe de France, mais m'avait expliqué : « Écoute, je ne veux pas que tu le prennes mal. Ce n'est pas du tout contre toi, parce que je sais que je peux compter sur toi et que tu pourrais être le capitaine. Mais je préférerais que ce soit un joueur de champ, que ce soit Licha, par rapport à ce qu'il représente. » Je lui ai tapé sur l'épaule en le rassurant : « Aucun problème pour moi, ça ne change rien. Je n'ai pas besoin de porter le brassard. Je suis avec toi, prêt à aider, à tout donner. » Avec le recul, je me rends compte que très jeune, on a ciblé en moi le sens du devoir, le sens de la responsabilité, certainement un leadership. Mais pendant ma première partie de carrière, j'étais tellement centré sur mes objectifs que je n'ai jamais cherché le capitanat. Les choses sont venues naturellement.

Il faut sans doute attendre d'avoir 24 ou 25 ans pour commencer à bien se connaître. Le brassard, ça s'apprend, ça ne vient pas tout de suite. Il faut en connaître et en assumer la valeur symbolique et la responsabilité réelle, qui sont supérieures à ce que l'on peut ressentir en club.

Laurent Blanc a pris sa décision en mars 2012, avant un match en Allemagne (1-2). Je reste persuadé, aujourd'hui, qu'Éric Abidal aurait été son capitaine, sans la maladie et la greffe du foie qui l'ont éloigné des terrains pendant plus d'un an. Le système de roulement avait bien fonctionné jusque-là, Alou Diarra l'avait eu huit fois, Philippe Mexès, Flo Malouda et Samir Nasri avaient été capitaines, aussi, mais c'est moi que le sélectionneur a choisi. J'avais 25 ans, Allemagne-France était ma trente-et-unième sélection, et c'était la septième fois que j'étais capitaine. Laurent Blanc était venu à Lyon pour me l'annoncer, mais sans me le dire vraiment. Je l'avais rencontré à l'aéroport Saint-Exupéry, où il m'avait prévenu que je faisais partie des trois capitaines possibles, et qu'il n'avait pas tranché. Quand il l'a fait, je suis devenu pour de bon le capitaine de l'équipe de France. Je me suis interdit de changer, mais la vérité est que je ne me sentais pas forcément prêt pour ça. Je n'avais pas encore assez de vécu, il me semble, pour guider une équipe. D'ailleurs, Didier Deschamps est devenu capitaine des Bleus à 28 ans, et

Zinedine Zidane à 32 ans. Ce n'est pas un hasard. Mais j'ai pensé aussi que j'avais ma personnalité et qu'on me choisissait forcément pour une raison.

Ma relation avec Laurent Blanc n'a pas changé avec le brassard. Je n'étais pas encore le relais des autres, et tout restait agité, autour de nous : la tempête des quotas avait fait vaciller le sélectionneur et la FFF. On se relevait doucement de Knysna et, devant la presse, j'essayais de ne pas sortir d'un cadre : parler du terrain, protéger l'équipe, protéger mes coéquipiers. J'allais aux conférences de presse avec le coach, mais on n'avait pas de grandes discussions. Pas à cause de lui, seulement parce qu'à cet âge, je n'avais pas l'assurance de parler de tout et de rien avec le sélectionneur, comme je le ferais plus tard avec Didier Deschamps. Il n'est resté que deux ans, qui sont passés vite, mais j'aurais aimé le connaître davantage, parce que c'est quelqu'un qui a marqué l'histoire du football français. Son adjoint, Jean-Louis Gasset, était plus proche de nous, par sa fonction et son tempérament. Tout le monde l'adorait. Il animait les séances, créait une proximité avec un naturel incroyable, avec son accent de l'Hérault, et il aimait les joueurs. Ses causeries aussi étaient fantastiques : quand il parlait le matin du match, on avait envie de jouer tout de suite.

L'Euro 2012 a été bien plus positif que la Coupe du monde 2010, ce qui n'était pas si difficile, mais il n'a pas été aussi réussi qu'on l'espérait. Perdre en quart de finale contre l'Espagne (0-2), championne d'Europe et championne du monde en titre, n'était sûrement pas honteux, mais on aura passé trois semaines en Ukraine sans nous défaire totalement du fardeau de Knysna. La polémique s'était invitée dans le premier match contre l'Angleterre (1-1), quand Samir avait égalisé, il avait célébré son but à sa façon, en posant son doigt sur la bouche tout en regardant la tribune de presse, juste avant d'être au cœur d'un incident, dans la zone mixte, avec un journaliste. Il lui avait mal parlé, mais le journaliste l'avait provoqué en lui lançant « Casse-toi », et pour le reste, une réponse sur le terrain est toujours une réponse parfaite : en tant que capitaine, cela ne m'avait rien inspiré d'autre.

Au-delà de l'énorme orage qui avait retardé le coup d'envoi lors de notre belle victoire face à l'Ukraine d'Andreï Chevtchenko (2-0), on a eu le mauvais goût de perdre le fil, et le match, contre la Suède (0-2) de Zlatan Ibrahimović, avec une équipe très modifiée, alors qu'on était quasi qualifiés. Cette défaite avait provoqué des tensions dans le vestiaire. Le groupe était composé d'énormes talents, mais il y avait beaucoup d'egos, trop sans doute. C'est la question éternelle : est-ce que l'on construit un groupe en prenant les meilleurs joueurs, ou est-ce que l'on construit un groupe pour avoir la meilleure équipe ? C'est un débat pour tous les sélectionneurs, qui ne le règlent pas de la même manière. En Ukraine, la défaite face à la Suède aura réveillé les frustrations de ceux qui ne jouaient pas. En soi, cette défaite n'était pas si grave, même si elle nous dirigeait vers ce quart de finale contre l'Espagne, mais même après vingt mois sans perdre, il ne faut jamais banaliser une défaite, parce qu'elles ont toutes un sens, parce que chaque détail compte, et qu'une équipe peut se dérégler à tout moment. Chez nous, cela s'est déréglé. On l'a ressenti, à l'approche du quart de finale, et tout s'est compliqué, parce que Laurent Blanc a fait des choix forts, en passant en 3-5-2. Des joueurs comme Samir avaient été victimes de cette option, et il y avait trop d'egos, encore une fois, pour résister en groupe à l'événement et à l'adversaire. Notre défaite (0-2), ainsi ce qui l'a entourée, a malheureusement été lue à la lumière de ce qui s'était passé en Afrique du Sud, comme si tout le monde attendait de souffler sur des braises qu'on croyait éteintes.

Trois incidents, en particulier, ont fait parler, dont un qui m'impliquait. Le premier est survenu quand Hatem Ben Arfa, à peine de retour dans le vestiaire après la défaite, a décroché son portable qui bipait et entamé une conversation. Le ton est monté tout de suite avec le coach, à qui Hatem reprochait ses choix d'équipe, et de l'avoir sorti en cours de jeu dans le seul match où il avait été titulaire. Cela n'avait pas allégé l'atmosphère, mais, le soir venu ils s'étaient serré la main et on était passés à autre chose, en oubliant qu'une fois ces incidents sortis dans la presse, ils deviennent incontrôlables. Avant, notre vie de groupe et de vestiaire nous appartenait, rien ne sortait. Ce n'est plus le cas depuis longtemps. C'est de cette manière que l'incident entre Samir Nasri et Alou Diarra, pendant cet Euro, a pris une proportion démesurée : oui, ils se sont pris la tête, mais le lendemain, ils se sont salués comme d'habitude. On peut monter dans les tours, on peut même en venir aux mains, je l'ai vu, mais là, ce n'était même pas le cas. Le problème, c'est que l'extérieur surinterprète ces scènes, les fait durer dans le temps et nous maintient dans cette tension que l'on était sur le point d'oublier. En Ukraine, cela avait forcément déteint sur un groupe jeune et fragile.

Enfin, il y avait eu cette scène, isolée sur les images, de Jérémy Ménez m'insultant sur le terrain. Il est passé pour un sale gosse, il a même été suspendu, alors que c'est moi qui avais commencé et qui l'avais pourri, pour dire les choses franchement. J'avais eu raison de le faire : sur le terrain, on n'a pas le temps de dire « S'il te plaît », « Excuse-moi » ou d'en discuter en prenant le thé, alors on se lance des flèches, et à la fin c'est oublié. Je ne voulais pas du beau rôle dans cette affaire, je me disais qu'il fallait vraiment arrêter avec les gentils, les polis, ceux qui ont une bonne tête. Alors j'ai défendu Jérémy publiquement, et malheureusement ça n'a servi à rien. Il a été suspendu et c'était ridicule. Je n'ai pas aimé que l'on résume deux années d'équipe de France à ces incidents. On méritait mieux que ces amalgames, alors qu'on avait enchaîné vingt-sept matches sans perdre. On ne méritait pas que la moindre défaite fasse resurgir les démons et les interprétations. On ne méritait pas d'être seulement des bons mecs quand on gagnait.

XII

Hugo qui ?

J'ai hésité entre Arsenal et Tottenham. Arsène Wenger avait insisté, dans un premier temps, m'appelant deux fois en dix jours, avant d'opter pour un choix interne. Il l'avait fait cordialement, avec beaucoup de classe. Je le voyais régulièrement sur les matches de l'équipe de France, parce qu'il était consultant pour TF1, mais on n'avait jamais parlé dans ce cadre. Cet été-là, Marine et moi nous sommes mariés, avant de partir en voyages de noces à Venise, mais alors que j'espérais que le transfert se dénoue rapidement, cela avait été interminable. Daniel Levy, le patron de Tottenham que j'allais apprendre à bien connaître, essaie toujours de baisser au maximum le prix du transfert, en attendant les derniers instants du mercato pour mettre la pression et faire croire à l'autre partie qu'il ne va pas acheter. Avant d'être transféré pour 10 millions d'euros plus les bonus, 15 millions au maximum, j'ai eu droit aux montagnes russes. Mi-août, alors que je m'étais mis d'accord avec les Spurs sur mes conditions, Jean-Michel Aulas et Vincent Ponsot m'ont annoncé que Tottenham n'avait toujours pas contacté l'OL, si bien que j'ai entamé le championnat avec Lyon. Après la 2e journée, Tottenham et l'OL étaient enfin parvenus à un accord, mais alors que je préparais mon déménagement, le club anglais nous a laissés sans nouvelles pendant deux jours. Le troisième jour, Tottenham a repris contact pour formuler une offre plus basse, et Jean-Michel Aulas a tout annulé, m'appelant pour me dire qu'il était désolé et que l'OL n'était pas responsable de la situation, ce que je comprenais très bien. Vingt-quatre heures après, Tottenham a accepté les conditions lyonnaises et, cette fois Jean-Michel Aulas m'a laissé le choix, vu l'enchaînement des événements. Je suis resté sur mon idée première : c'était le moment de découvrir autre chose. Je me suis envolé en catastrophe le 31 août pour aller signer mon contrat à Londres. J'ai passé ma visite médicale dans l'ancien centre d'entraînement de Tottenham, où j'ai rencontré Daniel Levy, mais aussi André

Villas-Boas, l'entraîneur et son staff. Ils voulaient me présenter le dimanche aux supporters, contre Norwich, mais je leur ai expliqué que je ne voulais pas quitter Lyon comme un voleur et que j'avais besoin de dire au revoir aux supporters contre Valenciennes, au même moment, ce qu'ils avaient compris.

Tottenham m'a affrété un avion privé pour venir après avoir tenté de négocier avec l'OL pour partager les frais, mais m'a fait repartir à Lyon en EasyJet. Cela ne me dérangeait pas, cela m'a juste fait sourire.

Sentimentalement, cela m'a été difficile de quitter Lyon. J'avais mis l'affectif de côté pendant le temps de ma réflexion, mais en revenant à Gerland pour dire au revoir, tous ces sentiments sont revenus. J'ai compris qu'ils allaient terriblement me manquer, tous, Joël Bats, le président, Licha, les joueurs, le staff et les supporters, qui avaient toujours été derrière moi. Un peu avant le coup d'envoi, je me revois avec Anna-Rose posée sur moi, Licha et Jean-Michel Aulas juste à côté. On ne se parlait pas, mais on était émus. J'ai fait le tour d'honneur avec Anna-Rose dans les bras, je suis rentré à la maison regarder Tottenham-Norwich (1-1), le match de ma nouvelle équipe, et je suis tombé sur cette déclaration d'André Villas-Boas, mon nouvel entraîneur : « Brad Friedel est le gardien numéro 1. » Cela commençait bien.

J'ai assez rapidement compris que ce transfert n'arrangeait personne. Brad Friedel sortait d'une bonne saison et Villas-Boas ne désirait pas forcément prendre de risque à l'égard d'un cadre du vestiaire. Même si j'étais le capitaine de l'équipe de France, même si j'avais joué une trentaine de matches en Ligue des champions, j'ai dû attendre. Je n'ai pas aimé attendre, et je n'ai pas aimé qu'on me dise que j'avais le temps. Je suis quelqu'un de rationnel : chaque fois que j'ai un choix à faire, j'envisage le pire scénario pour ne pas être surpris. Mais ce scénario-là, je ne l'avais pas vu venir.

J'étais numéro 2, et j'ai passé deux mois à l'hôtel, seul, le temps de trouver une maison pour que Marine et Anna-Rose me rejoignent. J'ai compris, surtout, que j'étais le choix du président, pas celui de l'entraîneur, à qui j'avais cherché en vain à parler pendant les négociations.

André Villas-Boas sortait d'une saison à Chelsea où il avait été licencié pour avoir touché aux joueurs historiques du vestiaire. En arrivant à Tottenham, il avait donc choisi de maintenir Brad Friedel, qui était un bon gardien, que je respectais beaucoup. Ce n'était vraiment pas lui, le problème, c'était le club, qui n'avait pas été transparent. Je voulais de la remise en question et j'étais servi. Je me sentais seul, vraiment, et je me disais : mais pourquoi est-ce que je suis monté dans cet avion ? Je m'entraînais toute la semaine, j'étais sur le banc le week-end, il pleuvait tout le temps, on ne voyait jamais le ciel, et j'étais dans un hôtel à une heure et quart du centre de Londres.

Parti sous les clameurs de 40 000 spectateurs à Gerland, j'étais redevenu anonyme dans une équipe dont l'entraîneur ne voulait pas de moi. La situation a bougé très lentement. J'ai joué assez vite contre la Lazio en Ligue Europa, au milieu de mes doutes et de ma solitude, mais je suis revenu sur le banc, et après de bons débuts en Premier League le 7 octobre contre Aston Villa (2-0), mes espoirs que les choses évoluent ont été douchés avant le match suivant, pendant la causerie, en regardant le paperboard : « *Substitute : Lloris.* » J'ai vraiment eu la sensation, cet automne-là, de repartir à zéro. Heureusement, les Français du groupe, William Gallas et Younès Kaboul, m'ont soutenu. William était différent : je l'ai découvert détendu, bienveillant, et il m'a aidé à m'adapter et à attendre mon heure. Les Français d'Arsenal, Laurent Koscielny, Olivier Giroud, Sébastien Squillaci et Bacary

Sagna n'étaient jamais loin non plus. Le 23 septembre, pour l'anniversaire d'Anna-Rose, la famille Sagna avait hébergé Marine et Anna-Rose pendant trois jours, et c'est chez Bak qu'on avait fêté ses deux ans. À partir du moment où j'ai trouvé une maison à Hadley Wood, à un quart d'heure du centre d'entraînement d'Enfield, mon adaptation à Londres s'est mieux faite. Avec Marine et Anna-Rose, on a su créer un nouveau cocon. Cela m'a aidé à me stabiliser et à dépasser la courte période où je n'ai pas joué. Je n'ai jamais pris autant le métro qu'à cette époque : le centre de Londres n'était qu'à vingt minutes, par la Northern Line, la ligne noire pour ceux qui ont l'habitude. À ce moment-là, j'étais encore anonyme.

Mon heure a sonné fin novembre, enfin, mais même après avoir annoncé ma titularisation, Villas-Boas continuait de déclarer à la presse qu'il n'avait pas fait son choix, et que Brad Friedel pouvait revenir à tout moment. La situation était compliquée pour tout le monde, pour le coach, qui ne m'avait pas voulu, et pour Friedel, qui avait vu s'interrompre, à cause de moi, son record du nombre de matches d'affilée en Premier League (310), qu'il détient toujours. À l'entraînement, j'étais avec Carlo Cudicini, Heurelho Gomes et Brad. Il y avait du gros niveau, et du respect, parce que c'étaient des gars droits. Mais cette période m'a rappelé à quel point je ne supporte pas d'être numéro 2. C'est trop loin de ce que je veux, de mon tempérament. Comme j'avais joué en match officiel avec l'OL en août, je ne pouvais même pas demander à partir en janvier, puisqu'on n'a pas le droit de jouer pour trois clubs la même saison. En Angleterre, tu n'es personne tant que tu n'as pas prouvé que tu étais quelqu'un. Moi qui voulais de nouveaux obstacles, je les ai trouvés.

Mes relations avec Villas-Boas sont bonnes, aujourd'hui, mais à l'époque, cela a chauffé plusieurs fois. Et notamment quand il m'a remis sur le banc alors que j'avais joué contre Aston Villa avant la trêve d'octobre. Sur le coup, j'étais comme n'importe quel joueur : frustré, en colère, avec l'envie de me le faire, pour dire les choses telles que je les ressentais alors. La raison m'avait rattrapé, quand même, une veille de match. Je n'allais pas mettre le feu. Mais je suis allé le voir, le lundi, dans son bureau à la première heure, en lui tenant à peu près ce langage : « Quand j'ai signé ici, on m'avait promis autre chose. Je n'ai rien contre Brad, mais tu es en train de briser ma carrière. J'ai un statut en France, et je n'arrive pas à comprendre ce que tu cherches à faire. Pourquoi tu me fais jouer contre Aston Villa et pourquoi le match suivant, dix jours après, sans me prévenir, sans rien me dire, tu me mets remplaçant ? » Il n'avait pas vraiment d'arguments. Dans les semaines qui ont suivi, il a souvent cherché à me parler et je ne lui ai jamais répondu. Après la trêve internationale de novembre, en revenant au club, je suis tombé sur Tony Parks, l'entraîneur des gardiens, qui m'attendait, plutôt excité : « Hugo, le coach veut te parler. » Villas-Boas m'a annoncé ce jour-là que je serai titulaire à Arsenal, où on en a pris cinq. Il n'était pas très populaire, dans mon entourage.

J'étais loin d'imaginer que j'allais rester douze ans à Tottenham. Quand je ne jouais pas, j'ai toujours essayé de garder mon calme. Mais je me suis souvent posé la question : « Qu'est-ce que j'ai fait ? Pourquoi ai-je quitté un club où j'étais apprécié, et que j'apprécie, où j'avais des responsabilités ? » Pour être honnête, je me suis régulièrement posé cette question pendant deux ans, jusqu'à ce que Mauricio Pochettino arrive.

Même si l'OL n'était plus aussi fort qu'avant, c'était un grand club européen, structuré, avec une figure forte à sa tête, qui contrôlait tout. À Tottenham, on ne savait pas qui était qui, qui contrôlait quoi, et l'atmosphère était différente : les Anglais, quand ils entrent dans une pièce, ne te serrent pas la main ; chacun trace sa route. Je me disais : « Mais qu'est-ce que je fais ici ? » J'avais même la sensation que l'entraîneur était abandonné, livré à lui-même, devant le groupe de joueurs. La première saison, j'ai fait de bonnes performances, j'ai commencé à me faire connaître, mais on a explosé en plein vol pendant la deuxième saison, avec le licenciement d'André Villas-Boas et l'arrivée de Tim Sherwood. Je ne voyais aucun futur à ce club.

À l'été 2014, j'en avais marre, je voulais partir, si bien que Daniel Levy, qui essayait de me convaincre de rester, m'avait mis dans la confidence : « Mauricio Pochettino arrive. Il faut que tu le voies, que tu discutes avec lui… Je veux que tu restes, tu représentes le nouveau Tottenham. Mais si tu restes, tu prolonges. » Avec Mauricio, le courant est passé tout de suite. J'ai retrouvé une direction, une vraie philosophie de jeu, une structure, une véritable approche du travail. J'allais me régaler, aussi, au contact d'un entraîneur des gardiens, Toni Jiménez, dont je suis devenu très proche. Il avait été champion olympique avec l'Espagne en 1992, et son avis m'importerait plus que celui des observateurs qui m'avaient toujours jugé trop petit, avec mon 1,88 m. C'était le cas de Christophe Lollichon, l'entraîneur des gardiens de Chelsea, qui ne voyait que mes défauts et m'a opposé à Simon Pouplin quand il l'entraînait à Rennes. Cela a continué, tout le temps, partout. Il disait, aussi, que je ne réussirais pas en Angleterre. Il est quand même étrange que l'homme qui s'exprime le plus sur les gardiens dans les médias français ait toujours eu du mal à dire des choses positives sur un gardien qui a joué 145 fois en équipe de France. J'imagine qu'il a trouvé le temps long.

À Tottenham, surtout, j'ai découvert White Hart Lane. J'ai tout de suite adoré ce stade. Il était moins vaste que Gerland, mais très compact, avec un terrain plus court, et on sentait une âme. Je me suis adapté aux combats de la Premier League, où les arbitres ne sifflent que les fautes évidentes. La surface est devenue un nouveau monde pour moi. En France, je pouvais avoir un peu d'espace pour me déplacer, mais en Angleterre, au moindre coup de pied arrêté, j'avais toujours un gars devant et un gars derrière, à qui l'arbitre laissait faire ce qu'ils voulaient. En France, sur les ballons aériens, je sortais pour garder le ballon, parce que l'arbitre siffle au moindre contact, mais en Angleterre, j'ai rapidement compris qu'il fallait boxer les ballons, et ne sortir qu'à coup sûr. À Nice et à Lyon, je pouvais non pas partir à l'aventure, mais prendre des risques. En Angleterre, ce n'était plus possible. Et j'ai été confronté à l'incroyable qualité des centres, au nombre élevé de joueurs dans la surface, qui obligent à prendre bien plus d'informations dans le même temps. Tout allait plus vite, mais soyons clairs : c'était génial, intense et imprévisible.

J'ai découvert, aussi, le football pendant les fêtes. Mon anniversaire est le 26 décembre et j'ai souvent joué ce jour-là : c'est le Boxing Day, et dans ce pays, au moins, mon anniversaire est un jour férié. Je crois que je n'ai jamais perdu le 26. Je me souviens d'un match sous l'ère Pochettino, en 2015 face à Norwich (3-0), où après quelques arrêts importants, tout le stade avait repris « Happy Birthday » dans les dix dernières minutes.

XIII

Brasil, Brasil

Pendant l'été 2012, Noël Le Graët, le président de la FFF, m'a appelé pour me prévenir, en tant que capitaine, de l'arrivée de Didier Deschamps à la tête de l'équipe de France, avant que ça ne devienne officiel. Après Laurent Blanc, qui avait recréé une dynamique positive et qui a sa part dans la reconstruction de l'équipe de France, j'ai découvert une personnalité importante du football français. Il aura été très classe dès le premier match amical du mois d'août contre l'Uruguay (0-0), au Havre, en m'appelant dans sa chambre pour discuter dix minutes, me dire sa confiance en moi, et évoquer le brassard de capitaine : « Pour le moment, ça me convient, mais ça peut peut-être évoluer. J'ai besoin de voir les autres joueurs. » Il ne remettait pas en question mon capitanat, mais voulait créer sa propre équipe : même si cela faisait déjà quinze matches que j'avais le brassard, je ne l'avais pas mal pris ; au contraire, je trouvais ça honnête et franc. Il ne disait pas qu'il allait me l'enlever, d'ailleurs, seulement qu'il pouvait évoluer dans sa réflexion. Il m'a finalement désigné capitaine en janvier 2013, et cela n'a rien changé pour moi. Cela n'a jamais été une ambition ni une idée fixe, et je n'ai jamais pensé que je serais capitaine pour dix ans. Il aurait fallu être fou pour penser que j'allais l'être plus de cent fois. Surtout, j'étais toujours à la recherche d'un niveau en sélection que je n'avais pas encore atteint. J'étais à un très bon niveau, mais je voulais encore plus, être décisif dans les phases finales et vivre des grands moments. À l'Euro 2012, mes performances avaient été bonnes, mais, dans un contexte collectif un peu plat, elles étaient passées inaperçues, ou avaient été vite oubliées.

De 2008 à 2012, mes quatre premières années en sélection, il n'y a jamais eu de stabilité. Il se passait toujours quelque chose et on ne se sentait pas trop à l'aise en arrivant à Clairefontaine. On était encore à la recherche d'une plénitude et d'une confiance qui viendraient plus tard. Il m'aura fallu cinquante sélections, je crois, pour évoluer enfin dans une équipe de France populaire. Tout est parti d'un soir de novembre 2013, au Stade de France, dans un barrage de Coupe du monde face à l'Ukraine.

L'arrivée du coach Deschamps a coïncidé avec mon départ à Tottenham. Ne pas jouer pendant les trois premiers mois m'a fragilisé un peu, mais il m'a maintenu sa confiance et soutenu, et c'était très appréciable dans ce contexte-là. Pour éviter les barrages et nous qualifier directement pour la Coupe du monde 2014 au Brésil, il aurait fallu terminer devant l'Espagne dans notre groupe de qualification et, en octobre 2012, on avait montré de belles ressources à Madrid, dans le vieux stade de l'Atlético, Vicente-Calderón, qui avait une âme, avec son béton usé en pleine ville. Face à l'Espagne double championne, d'Europe et championne du monde, on a été menés 1-0, et on aurait pu l'être plus largement, mais j'ai arrêté un penalty de Fàbregas juste avant la mi-temps et Olivier Giroud a égalisé en fin de match. Quatre mois après que les Espagnols nous avaient dansé sur le ventre à l'Euro, c'était un match plein d'espoirs. Cela faisait longtemps qu'on n'avait pas vu l'équipe de France conquérante face à un tel adversaire. Malheureusement, on a cédé au match retour, ce qui nous dirigeait vers les barrages, après la tournée de juin 2013 en Uruguay et au Brésil. Je ne sais pas si sans le foot, je serais allé un jour à Montevideo. C'est toujours la même histoire avec les tournées de fin de saison : les corps et les esprits sont fatigués et certains sont contraints de jouer des matches où ils ont plus à perdre qu'à gagner. Il ne s'était pas passé grand-chose dans le jeu, mais c'était de beaux voyages. De là-bas, j'entendais des rumeurs m'envoyant à Monaco, auxquelles je répondais en disait que j'étais trop niçois. C'était des approches indirectes, mais je n'avais pas fait tout ça, partir à Lyon, puis en Premier League, pour revenir à vingt kilomètres de chez moi.

Au-delà de Montevideo, j'ai découvert en bleu des endroits méconnus où on ne va pas en club, ni en vacances en général, comme Tbilissi, en Géorgie, ou Homiel, en Biélorussie, où se dressent encore des statues de Lénine et Staline. Mais pour moi, Homiel reste un souvenir horrible. J'avais une gastro infernale et l'illusion que tout irait mieux avec l'échauffement et l'adrénaline n'avait pas duré. J'étais à plat, sans énergie et cela s'était vu : j'avais été fautif sur deux buts, heureusement sans conséquences (2-4), et je n'avais pas aimé.

Avant le barrage de Coupe du monde contre l'Irlande, en 2009, j'avais pris cinq buts contre l'OM (5-5). Avant le barrage de Coupe du monde contre l'Ukraine, en 2013, j'ai pris le genou de Romelu Lukaku dans la tête, un samedi après-midi, à Everton. À la 77e minute de ce match, sur un ballon en profondeur, je suis sorti et j'étais en avance sur lui quand il a laissé traîner le genou, me heurtant violemment la tête. Tout s'est éteint pendant quelques secondes. Sur le coup, j'ai eu très mal à la tête, mais sans comprendre que j'avais perdu connaissance, et quand le staff médical est arrivé, j'étais redevenu conscient. J'avais l'impression de répondre normalement aux questions « Quel est le score ? », « Quel jour on est ? ». En réalité, j'étais hésitant, encore sonné. Le docteur a cherché à m'emmener sur le côté du terrain, on le voit clairement sur les images, mais j'ai refusé. On peut lire sur mes lèvres : « *I'm OK.* » Je suis donc resté sur le terrain, j'ai fini le match, j'ai eu un arrêt et une sortie à faire, et je pensais que tout allait bien. C'est en rentrant dans le vestiaire, une fois assis, que j'ai eu vraiment peur : un blanc complet, ou un noir absolu. Je ne me souvenais plus de rien. J'ai commencé à paniquer, d'autant que je ressentais des vertiges. En rentrant à Londres, le scanner passé à l'hôpital m'a rassuré. Tout allait bien, sauf ma mémoire. Revoir le match m'aura aidé à la retrouver et à remettre un peu d'ordre dans mon esprit. Je ne savais pas si je me souvenais vraiment de ce qui s'était passé, ou si mon cerveau enregistrait les images comme une nouvelle mémoire, mais au moins cela m'a aidé à remplir le blanc. Ensuite seulement, on a mis en place le protocole commotion, et je n'ai pas joué contre Newcastle, juste avant les barrages, parce qu'on avait fait les choses à l'envers : il aurait fallu que je sorte à Everton pour pouvoir disputer le match suivant. André Villas-Boas a été critiqué pour avoir mis en avant le courage et l'héroïsme d'avoir poursuivi la partie, alors que l'Angleterre commençait à développer une autre sensibilité sur les commotions. Depuis ce jour, je me suis toujours promis de sortir de moi-même si cela m'arrivait à nouveau, d'autant que l'on m'a clairement expliqué les conséquences des commotions, notamment chez les rugbymen. J'ai revu les images du choc, chaque début de saison, quand les médecins du club évoquaient les protocoles commotion devant l'effectif, et qu'ils illustraient leur propos avec cette action.

Ce n'était pas le meilleur moyen de préparer les barrages, onze jours avant le match aller en Ukraine. À Kiev, on aurait pu tout perdre, dans une ambiance dingue. On pouvait sentir l'hostilité, et l'entendre aussi. À 0-0 à la mi-temps, j'ai eu l'impression qu'on ne se rendait pas compte de la situation et je crois bien avoir crié, un peu, dans le vestiaire. Un barrage de Coupe du monde, ce n'est pas une question de talent. Après avoir encaissé le premier but, au lieu de rester calmes, on s'est complètement ouverts, créant des espaces pour l'adversaire, et à 2-0, alors qu'on était sur un fil, et que Laurent Koscielny avait été expulsé, on a encore cherché à marquer ce but à l'extérieur. La vérité est qu'on avait totalement perdu le contrôle, que cela aurait pu être pire, et qu'on se retrouvait dans de sales draps.

Le premier sentiment, après le match, dans le vestiaire, était celui d'une catastrophe. Mais sous la douche, déjà, on avait commencé à parler du match retour. On s'était fait marcher dessus, et on avait trois jours pour tout renverser. Il a fallu, d'abord, commencer par croire que c'était possible. Dans le débriefing du match aller, le coach nous a fracassés. Je me souviens avoir dit que sans folie, ce serait irréalisable. J'ai aimé, surtout, qu'on soit passé du constat aux solutions, immédiatement. On a perdu, d'accord, mais maintenant, on fait comment ? On a su ne pas attendre que le match vienne à nous. Toutes nos discussions, toutes les images ont fait monter l'espoir, petit à petit. Je me revois, avec Clément Grenier, devant un documentaire sur France-Israël et France-Bulgarie en 1993, les deux défaites qui avaient écarté la France de la Coupe du monde 1994. On ne voulait pas vivre ça. Avec ce film, on mesurait sous nos yeux ce qu'on risquait de rater. On aurait le même sentiment avant la finale de la Coupe du monde 2018, quand tout le monde, dans le groupe, se souvenait à quel point la finale de l'Euro 2016 nous avait fait mal, et qu'on avait décidé que perdre n'était pas une option.

Dans la gestion de l'entre-deux-matches, Didier Deschamps a actionné des leviers psychologiques, bien sûr, mais pas seulement. Il a fait des choix forts. Il a remplacé Laurent Koscielny, suspendu, Éric Abidal, Samir Nasri, Olivier Giroud et Loïc Rémy par Karim Benzema, Yohan Cabaye, Mamadou Sakho, Mathieu Valbuena et Raphaël Varane. Plus tard, dans les semaines et les mois qui ont suivi, Samir dirait que des joueurs s'étaient plaints de lui et qu'ils m'avaient demandé de faire remonter le message au coach pour le mettre à l'écart. Il m'appellerait, un jour, pour en avoir le cœur net, m'expliquant qu'il ne voulait pas que ses rêves de jouer une Coupe du monde soient brisés par un problème relationnel au sein de l'équipe. Mais aller voir le coach pour un choix d'homme, c'est quelque chose que je n'ai jamais fait, ni pour lui ni pour un autre. Je ne suis jamais allé voir le coach pour remettre en cause un joueur, ce n'est pas mon rôle, même en tant que capitaine. Cela ne correspond ni à la manière dont j'appréhende ce rôle ni à la façon dont fonctionne le sélectionneur. Il ressent tout, il voit tout et il n'avait pas besoin de moi pour savoir ce que pensait le vestiaire. Pour tout ce qui touche au collectif, le jeu, la vie de groupe, oui, il m'a consulté au fil des années, régulièrement, mais sur le choix d'un joueur, jamais de la vie. C'est ce que j'ai dit à Samir.

À l'approche du match retour, on a senti progressivement monter une force et une fièvre. Noël Le Graët est venu nous parler, et Jamel Debbouze était venu présenter le film *La Longue marche*. Il nous a parlé de ce que l'on représentait, des valeurs de notre pays. Tout a compté, tout a participé à créer un état d'esprit collectif propice à l'exploit. J'ai parlé, moi aussi, mais tout le monde avait envie de parler, et tout ce qu'on s'est dit, pendant trois jours, tout ce qu'on a ressenti, nous a dirigés vers l'exploit. Dès le dimanche, on avait envie que le match commence tout de suite. Là où le coach a été très fort, c'est qu'il a réussi à entrer dans la tête non pas d'un ou deux joueurs, mais de l'ensemble du groupe. La veille, j'ai dit qu'il fallait de la folie, mais ce n'était pas les mots qui étaient importants : c'était de nous regarder et de voir l'espoir dans les yeux de nos partenaires. Dans ces moments-là, on sait qui est qui, et on sait qu'on peut voyager.

Quand le match est venu, on n'avait plus besoin de parler. Pat Évra était remonté comme une pendule, Mamadou Sakho aussi, et en voyant le Stade de France aussi plein et vibrant, les drapeaux, les chants, la ferveur, tout un pays derrière nous, on avait eu, avant même d'entrer sur le terrain, le sentiment d'avoir gagné. C'est la mécanique des matches aller et retour : il y a d'abord l'abattement, puis on se dit « Bon, pourquoi pas », l'espoir emporte tout au fur et à mesure qu'on se rapproche du match et, juste avant, on est sûr qu'on va le faire. Sur le terrain, la différence est énorme entre une équipe qui n'a rien à perdre et celle qui a tout à perdre. Quand tu n'as rien à perdre, tu es très dangereux, tu deviens injouable. Quand les Ukrainiens sont entrés sur le terrain, le soir de la plus belle ambiance de toute l'histoire du Stade de France, après avoir passé quatre jours à se dire qu'ils étaient presque qualifiés pour la Coupe du monde au Brésil, et alors qu'ils étaient invaincus depuis un an et n'avaient pas pris un but depuis huit matches, ils n'ont pas mesuré l'ampleur de ce qui les attendait.

Ce match de barrage retour restera le match d'une génération. Manquer la Coupe du monde au Brésil aurait été une catastrophe pour tout le monde, Didier Deschamps aurait eu du mal à s'en remettre, peut-être, et je n'aurais pas apprécié être celui qui symbolisait l'échec, en tant que capitaine. Ce match a été une tempête pour les Ukrainiens, réduits à dix dès le début de la seconde période, alors que l'on menait déjà 2-0, grâce aux buts de Mamadou Sakho et de Karim Benzema. C'était un combat de boxe, et l'adversaire n'est jamais sorti des cordes. En 2016, un sondage de *France Football* placera le match parmi les cinq plus grands moments de l'histoire de l'équipe de France. Puis Sakho a réussi le doublé, et je n'ai pas eu grand-chose à faire, une volée à bloquer, à 3-0, presque rien, jusqu'à la libération, dans un vacarme magnifique, le tour d'honneur, la folie, et le Brésil à l'horizon. Cette soirée dingue nous a permis de basculer dans une nouvelle ère positive, d'enterrer les vieux démons, de laisser Knysna et tous les problèmes derrière nous, et de vivre enfin un moment de bonheur collectif avec notre public. Dans la reconstruction de l'équipe de France, tout est parti de là. Quatre titulaires de cette soirée (Pogba, Matuidi, Varane et moi, plus Olivier Giroud, qui était entré en jeu) seront champions du monde en 2018, cinq ans plus tard.

Mais Franck Ribéry, lui, ne nous suivrait pas au Brésil. Quand il nous a annoncé son forfait, à Clairefontaine, on a été un peu interloqués, parce qu'il était notre joueur majeur, très apprécié du groupe, le leader du coach, avec un vrai rôle de grand frère, un rôle qu'il avait toujours espéré en équipe de France et qu'il avait fini par obtenir. Sans lui, ce n'était pas pareil. Je me souviens lui avoir dit, parce qu'on sentait que quelque chose n'allait pas, qu'il y avait plus qu'une simple douleur au dos dans son renoncement : « Franck, prépare-toi, on a un Euro à gagner dans deux ans. » Je ne sais pas exactement ce qui s'est passé. Tout le monde a dit qu'il s'était senti mal défendu par le football français dans la course au Ballon d'or. J'ai regretté son absence, parce qu'il avait vraiment un impact positif. Il restait un joueur exceptionnel qui faisait des différences, et travaillait pour l'équipe.

J'ai adoré la Coupe du monde au Brésil. Pour le pays, pour ce qu'il représente dans l'histoire du jeu, mais aussi pour le bonheur de vivre une compétition avec des joueurs de ma génération dont j'étais très proche. On se connaissait depuis les sélections de jeunes, et cette Coupe du monde, tout comme l'Euro 2016, deux ans plus tard, restera un rendez-vous affectif, aussi, avec mes amis de toujours, et de mon âge. Le fossé sera un peu plus grand en 2018, et je ne parle pas de 2022 ! Le Brésil aura été la dernière Coupe du monde où j'ai écouté la même musique que les autres. On se retrouvait tout le temps, dans les chambres, et dans les lieux de vie en commun.

On a très bien géré le premier tour. Une victoire sur le Honduras (3-0), le premier match de l'histoire avec la Goal Line Technology, avec un doublé de Karim Benzema, qui a démarré tellement fort. Un beau match face à la Suisse (5-2), après avoir mené 5-0, même si je n'ai pas aimé nos deux buts encaissés, notamment un coup franc passé sous le mur. Pour un gardien, rien n'est jamais anecdotique. Au troisième match, face à l'Équateur (0-0), le coach a fait tourner, sauf Karim, et on a découvert le Maracanã. Magique. À Rio, quand on partait à l'entraînement, on longeait les plages de Copacabana, envahies par les supporters et les écrans géants. Il avait fallu gérer, au passage, l'installation très délicate des familles à Rio. Marine n'était pas venue, parce que Giuliana venait d'arriver, et j'avais dû transmettre les plaintes, ce qui n'était pas mon aspect préféré du capitanat : l'hôtel n'allait pas, les chambres n'étaient pas prêtes, les enfants ne pouvaient pas aller dormir, si bien que toute la délégation allait migrer vers un autre hôtel, ce qui laisserait des traces, à la FFF, en interne. Cela nous a fait perdre un peu d'énergie, mais c'était avant le troisième match contre l'Équateur (0-0), et cela n'a eu aucun impact sur la préparation de nos matches à venir.

Des amis m'avaient rejoint à Rio. Un jour, dans notre hôtel au bord de la plage, après l'Équateur, j'ai appelé l'ascenseur pour descendre au repas. Quand la porte s'est ouverte, je suis tombé sur Diego Maradona et ses gardes du corps : je n'ai pas osé rentrer. J'ai salué timidement, ne sachant pas s'il me connaissait ou me reconnaissait ; je pouvais très bien être un simple supporter avec le survêtement de l'équipe de France. Après le repas, j'ai retrouvé mes amis pour boire un verre au bar de l'hôtel, où un ami argentin nous avait rejoints. Soudain, qui arrive ? Maradona. J'ai rarement demandé une photo, mais là, on l'a faite, avec tous mes amis et Diego, qui se souvenait de la scène de l'ascenseur. Il m'avait reconnu, en fait. Il m'a parlé des gardiens et semblait même heureux de faire cette photo avec nous. J'ai toujours cette photo. Elle est la trace d'un moment magique partagé avec mes amis niçois, qui m'en parlent encore. Pour moi aussi, c'est un grand souvenir.

Sur le terrain, on avait gagné notre huitième de finale contre le Nigeria (2-0) en toute fin de match, à Brasília, dans le superbe stade Garrincha. On avait gagné, aussi, le droit de revenir à Rio et au Maracana, pour le quart de finale contre l'Allemagne, à midi, en pleine chaleur. Il me reste de cette défaite (0-1) le sentiment d'avoir fait jeu égal, de n'avoir pas grand-chose à nous reprocher, et d'être tombés sur une équipe solide. Manuel Neuer était le reflet de cette solidité : même si la frappe de Karim en fin de match n'était pas difficile, c'était un mur. La qualification pour les demi-finales s'est jouée sur un duel gagné par Hummels. Mais s'il s'agissait d'un coup d'arrêt, j'ai plutôt eu la certitude que cette Coupe du monde ouvrait une nouvelle ère, avec l'Euro en ligne de mire.

Il ne fallait pas oublier d'où l'on revenait. De très loin. En novembre, on avait failli rater la Coupe du monde. En juin, on s'était seulement inclinés en quart de finale contre le futur champion du monde. L'Euro 2016 à la maison arrivait, on était en train de construire une force, et l'équipe de France était enfin populaire.

XIV

Une saison en enfer

Le soir du 13 novembre 2015, pendant France-Allemagne, au Stade de France, la première explosion est survenue sur la gauche du terrain, du côté de Patrice Évra. J'ai cru à une bombe agricole, comme celle qu'on entend dans certains stades du Sud, parfois. La deuxième explosion est arrivée quelques minutes plus tard. En rentrant au vestiaire, à la mi-temps, on ne savait rien, encore, des attaques terroristes. Puisqu'on ne savait pas, on a continué à jouer. On a appris l'horreur en regagnant le vestiaire à la fin du match. Tous les écrans étaient branchés sur les attentats meurtriers dans Paris, qui avaient commencé par ces deux explosions au Stade de France, où un homme était mort, sur l'esplanade.

On nous a demandé de ne pas sortir du stade. On a appris, très vite, ce qui se passait au Bataclan, le massacre, et les fusillades à la terrasse des cafés. Mon frère était au Stade de France. Beaucoup d'autres frères et sœurs de mes coéquipiers étaient dans Paris. La sœur d'Antoine Griezmann, Maud, était au concert du Bataclan. C'est un sentiment d'irréel, la bulle n'existe plus, plus rien n'a de sens. L'attente a duré longtemps. On est restés dans les couloirs plusieurs heures, avec les joueurs allemands, partageant la même inquiétude, le même effroi. J'ai appelé tout de suite mon frère depuis le vestiaire, et je n'ai pas été soulagé avant de le savoir dans le taxi. Dans cette nuit de terreur, on est rentrés vers 3 heures du matin à Clairefontaine, où on s'est regroupés avec les historiques dans une chambre, devant les chaînes d'info. Personne n'avait envie de rester seul.

Tout le monde aurait eu besoin de retrouver les siens, mais on a passé le week-end à Clairefontaine, où la sécurité était plus facile à assurer, à se demander s'il fallait ou non jouer en amical en Angleterre, trois jours plus tard. On a décidé de jouer, par principe, pour répondre par le jeu à une nuit d'horreur où c'était aussi le foot qui avait été attaqué, puisque les terroristes avaient projeté d'entrer dans le stade. Les images du

Bataclan nous hantaient, tous, mais jouer était à peu près tout ce qu'on pouvait faire. Il fallait maintenir ce symbole du vivre ensemble. Tous les gars de Tottenham m'ont envoyé des messages touchants, et le soir venu, dans un Wembley en bleu, blanc, rouge, les Anglais, solennels comme ils savent l'être dans les grandes occasions, avaient chanté avec nous une *Marseillaise* très émouvante, pendant que les paroles défilaient sur l'écran. La veille du match, à la conférence de presse, où les journalistes anglais étaient venus en déposant une gerbe de fleurs en hommage aux victimes, je ne sais pas quels mots j'ai pu prononcer. J'étais là sans être là, je me sentais vide. Il aurait fallu être à la hauteur de toute l'émotion du monde, de tous ces sentiments qui se mélangeaient, et avoir exactement les mots, mais je crois que j'ai essayé de dire les choses simplement.

Ces jours-là m'ont marqué. Quand la Russie est venue jouer au mois de mars suivant au Stade de France, toutes les images sont revenues. Le traumatisme a duré longtemps. Ce n'était pas la crainte, juste les émotions qui débordaient, qui planaient au-dessus du stade. Il a fallu quelque temps avant de retrouver le sentiment d'avant, le bonheur simple d'être là et de jouer au foot, alors que le lieu nous ramenait à cette nuit et au deuil.

En novembre, l'affaire Valbuena-Benzema, appelons-la comme ça, une affaire de chantage à la sextape, était déjà devenue publique. Pour gagner du temps, le coach n'avait sélectionné ni l'un ni l'autre. Au début, j'ai pensé à une tension ponctuelle, et qu'on n'allait pas se passer longtemps de deux joueurs aussi importants. J'étais loin d'imaginer que l'affaire allait aboutir à une plainte et à une décision de justice. Je ne sais pas ce qu'un capitaine peut répondre à la presse quand le meneur de jeu porte plainte contre l'avant-centre. Je ne pouvais pas prendre parti, seulement essayer de protéger l'équipe par des phrases banales. Au fond de moi, je me posais les mêmes questions que tout le monde ; je me demandais si leur relation pourrait rester la même. Mais on a très vite compris que ce serait une affaire d'ampleur nationale et que cette question récurrente sur leur absence, surtout celle de Karim, reviendrait pendant plusieurs années. Cela n'a pas facilité la vie du coach, parfois, et il est arrivé que cela fragilise l'équipe. Mais on n'a pas eu d'autres choix que de préparer l'Euro 2016 en France avec les présents. Le foot finit toujours par oublier les absents.

Il y a eu beaucoup de rumeurs sur cette affaire. Concrètement, je ne sais pas ce qui s'est passé. Je ne le sais toujours pas. Est-ce que la vidéo existe ? Est-ce qu'il y a eu chantage ? Qui a fait quoi ? Je n'ai jamais eu envie de mettre mon nez là-dedans. Il faut être responsable de ses actes, et je n'avais pas envie d'être responsable de ceux des autres. Je pensais à l'équipe, à l'approche de l'Euro, et il n'était pas question de me faire pourrir la vie par cette histoire. Cela s'était passé en octobre, à Clairefontaine, et je n'avais rien remarqué. Je sais que les autres non plus.

Je n'ai jamais reparlé de cet épisode avec l'un ou avec l'autre. J'ai croisé une fois Mathieu Valbuena avec Tottenham, un soir de Ligue des champions à Athènes, et on s'était salués joyeusement. Je n'ai jamais eu envie de me mêler d'un truc qui ne me regardait pas, même si cela s'était passé à Clairefontaine. Je n'ai pas cherché à savoir qui était coupable, qui était victime. Je sais juste que cela a été un gâchis pour eux et pour nous, et sur le plan sportif, et sur le plan humain. Cela ne correspond pas aux valeurs que l'on veut défendre. Je ne pense pas que Karim ait fait quoi que ce soit contre le groupe, ni qu'il ait cherché à faire du mal à Mathieu. Je l'imagine prisonnier de ses amitiés, cherchant à arranger une situation qu'il ne maîtrisait pas.

Avant qu'il ne revienne en bleu, cinq ans et demi plus tard, j'ai recroisé Karim en Ligue des champions, puis un été à Munich pendant l'Audi

Cup. Les retrouvailles avaient été plutôt froides. Je ne sais pas s'il espérait un peu plus de soutien de la part des autres joueurs. Il aurait voulu, peut-être, qu'on le défende, et qu'on fasse le forcing pour le réintégrer dans l'équipe. Mais si on l'avait défendu publiquement, lui et seulement lui, cela aurait été injuste pour Mathieu. J'ai toujours posé sur Karim un regard différent : j'ai joué avec lui à l'OL, je l'apprécie vraiment, et cette situation nous a éloignés. J'étais le capitaine de l'équipe dans laquelle il n'avait plus le droit de jouer, mais ce n'est pas l'équipe qui avait choisi. Et une fois la justice entrée en jeu, comment faire ? Puis, ensuite, l'équipe a bien marché sans lui. Jusqu'à l'Euro, il a fallu que j'évoque l'affaire dans toutes les conférences de presse, sans répit. On a dit que j'étais lisse, mais qu'aurait-il fallu que je dise ?

Alors que l'on sentait un véritable engouement populaire autour de l'Euro en France, l'interview de Karim dans *As*, dans laquelle il accusait le sélectionneur d'avoir cédé à une partie raciste du pays, a créé un climat lourd, pour l'équipe et pour le coach. La maison de ses beaux-parents à Concarneau a été taguée, et ces semaines-là ont été violentes pour lui. Jusqu'à notre premier match contre la Roumanie, cette histoire a plané au-dessus de nos têtes. Il a fallu que l'Euro démarre pour qu'on ne parle que de foot.

On n'avait pas Karim, mais on a eu un Réunionnais en feu. Dimitri Payet, qui sortait d'une grande saison avec West Ham, nous a portés sur les premiers matches. Il marchait sur l'eau, et son but magnifique contre la Roumanie dans les dernières minutes allait lancer l'Euro, qui serait *sa* compétition sous le maillot bleu. Sur un plan plus personnel, cela a été la plus belle compétition que j'ai pu vivre, parce que j'étais avec des gars que je connaissais depuis toujours et dont j'étais proche, les Debuchy, Cabaye, Giroud, Koscielny, Costil, Jallet, Gignac, Payet, Griezmann, Schneiderlin et Sissoko. C'était ma génération, née entre 1983 et 1987, et je garde un souvenir magique du temps partagé en dehors des terrains. Je ne suis pas resté souvent dans ma chambre, cet été-là.

Le but de Dimitri contre la Roumanie n'a pas bouleversé notre qualité de jeu, parce qu'on n'était pas encore au point, mais son impact sur la flamme populaire et l'euphorie a été énorme. Il nous avait évité de basculer vers l'inquiétude et la critique. Mais, même pour gagner le deuxième match contre l'Albanie (2-0), on a souffert. Le coach avait encore fait des choix forts, en plaçant Antoine Griezmann et Paul Pogba sur le banc, comme au Brésil, deux ans plus tôt. Quand ils sont entrés en jeu, cela a tout changé. La nouvelle formule à vingt-quatre équipes a eu un impact étrange ; quand tu es premier de poule et que tu joues un meilleur troisième, une équipe est plus légère que l'autre. C'est pour cela que le Portugal, qui n'avait pas gagné un match et n'avait plus rien à perdre, est allé jusqu'au bout. C'est pour cela, aussi, que la Côte Ivoire a remporté la dernière Coupe d'Afrique des Nations. C'est pour cela, enfin, qu'on a raté notre première mi-temps face à l'Irlande, à Lyon, où je découvrais le stade construit par Jean-Michel Aulas. Un autre Euro a commencé à la mi-temps de ce match. Après une première période où l'on n'avait pas cessé de glisser, je n'ai pas été très poli : « Putain, on est menés 1-0, on joue un huitième de finale de l'Euro et vous n'êtes pas capable de choisir vos crampons ! Putain ! » Antoine est repassé dans l'axe et l'aventure du beau duo offensif Giroud-Griezmann est partie de là. Il allait nous permettre à chaque match de franchir des paliers, contre l'Islande en quart, contre les Allemands en demi-finale. Il n'aura manqué que cette finale.

On s'est fait peur contre l'Irlande (2-1), mais face à l'Islande (5-2), au Stade de France, sur une pelouse malade et sous la pluie, il ne pouvait rien nous arriver. Les Islandais venaient de sortir l'Angleterre à Nice, et on s'était préparés à tout, notamment à leurs touches longues, mais on les a tellement respectés qu'on les a dispersés en une mi-temps (4-0), avec deux buts et une passe décisive d'Antoine, un but et une passe décisive d'Olivier, dans une ambiance formidable. Ce jour-là, nos supporters ont emprunté le « clapping » aux Islandais.

La demi-finale contre l'Allemagne (2-0), à Marseille, restera toujours à part. C'était, à cet instant, mon plus grand moment en équipe de France. Cela n'a pas été notre meilleur match, c'est vrai, et on a beaucoup subi, mais les Allemands étaient champions du monde en titre, les favoris. Le vacarme du Vélodrome a été énorme et bouleversant. Il nous a donné une énergie folle. Sur le chemin entre notre hôtel en bord de mer et le stade, on avait senti une force incroyable. On n'avait pas besoin d'échauffement, on était déjà prêts à jouer. On se souvient tous du penalty de Grizou contre Neuer, quelques jours après en avoir raté un en Ligue des champions face à lui. Cela reste l'un de mes meilleurs matches en bleu. On avait été pénibles à jouer, ce soir-là : on était tous derrière et on prenait l'espace à la moindre récupération. On avait les jambes, on avait le cœur, et s'ils nous ont confisqué le ballon, si on a eu le sentiment de devoir résister à un véritable rouleau compresseur face à nous, on a été héroïques. Ils ont été meilleurs dans le jeu, mais on a été meilleurs dans tout le reste. Je revois les jambes et le volume de jeu de Blaise Matuidi ou de Moussa Sissoko, l'un des meilleurs joueurs de l'Euro. C'était quelque chose. C'était la première fois, aussi, dans cet Euro, que la pression était positive pour nous. On avait tout à gagner, enfin, et le sportif français préfère toujours avoir à conquérir que d'être favori. Avant le match, on s'était dit que soit on gagnait, soit on gagnait.

La pression a été différente en finale face au Portugal, au Stade de France. La fatigue aussi, puisqu'on aura eu un jour de récupération en moins que les Portugais. Pour marquer son passage en équipe de France, il faut gagner un trophée. On était lancés, on avait l'élan, on s'était préparés comme il le fallait, mais la réussite n'est jamais venue. On a eu des occasions, par Antoine notamment, mais on n'a rien eu pour nous. Le gardien portugais Rui Patrício a fait son match, et on n'a pas pensé une seconde que cela allait être plus facile après la sortie de Cristiano Ronaldo dès la 25e minute. Il venait de gagner la Ligue des champions avec le Real, et si les Portugais ne faisaient pas le jeu, ils avaient développé un énorme mental au fil de la compétition. Tout s'est joué en deux temps, sur quelques centimètres. D'abord sur la célèbre occasion de Dédé Gignac, poteau sortant, à la fin du temps réglementaire. Il aurait tellement mérité ça, Dédé ! Il jouait aux Tigres, au Mexique, et c'était sûrement inespéré pour lui de disputer l'Euro quand même, mais il était allé chercher sa place, et il aura été un coéquipier extraordinaire, toujours le premier à tirer les autres vers le haut. Ce mec généreux, passionné de foot, aurait mérité d'être le héros de cette finale. Il lui a manqué deux centimètres. Il nous a manqué deux centimètres. J'ai longtemps pensé à ça, à ce ballon qui touche le poteau et sort au lieu de rentrer. Avoir gagné la Coupe du monde plus tard a un tout petit peu atténué ces regrets, mais j'y repense souvent, quand même. Cela aurait été un aboutissement pour ma génération, la récompense d'une aventure humaine extraordinaire. Cela aurait dû se finir de cette façon-là, pas autrement. Mais c'est le sport. Le Portugal a été un beau vainqueur, mais la douleur est encore là.

On a été assommés dans les prolongations par le but d'Éder, venu de nulle part. Juste avant, un coup franc de Guerreiro avait tapé la barre. J'étais dessus, mais je m'étais détendu à l'extrême et mon genou avait heurté la petite barre métallique qui soutient le but sur le côté. J'avais ressenti une douleur aiguë pendant quelques secondes, mais c'était juste la douleur du choc, et je reste persuadé que cela n'a pas influé sur ma réaction après la frappe d'Éder, quelques secondes plus tard. J'ai eu le temps de voir et de revoir l'action, de tout analyser. La douleur ne m'a pas empêché de pousser pour aller chercher la frappe. Ce qui a pesé, c'est la fraction de seconde où je n'ai pas vu partir le ballon, parce que Samuel Umtiti faisait écran. Le ballon allait passer sur sa droite, et cela m'a fait perdre un tout petit peu de temps de réaction, cela m'a coûté le petit pas pour gagner les centimètres qui m'ont manqué pour sortir le ballon. L'enchaînement des circonstances a été incroyable, et la réussite des Portugais inouïe, du début à la fin de l'action. Lolo Koscielny, qui venait de prendre un carton jaune injuste, n'avait pas pu faire faute pour stopper l'action, Pat Évra était trop loin pour revenir couper à l'intérieur, et si Sam Umtiti avait longtemps suivi Éder dans sa course, le Portugais l'avait dépassé au dernier moment pour croiser sa frappe. Tous les détails ont été contre nous. Au départ, sur le coup franc de Guerreiro, Mark Clattenburg avait sifflé une faute de Koscielny et lui avait donné ce carton jaune, alors que le ralenti montrait clairement une main d'Éder.

Le reste de la nuit et de l'été a été douloureux. Dans les dernières minutes, on s'est dit que ce n'était pas possible, que cela ne pouvait pas se terminer comme ça. Voir les Portugais soulever ce trophée au Stade de France nous a fait très mal. Je sais bien que Ronaldo avait vécu la même déception en finale de l'Euro 2004, à Lisbonne, mais on n'imaginait pas être arrivés aussi loin et rester au bord de la joie, dans cette finale qu'on espérait depuis deux ans, après avoir fait autant d'efforts avec cette bande de copains, avec tout un pays qui avait poussé derrière nous pendant ces jours magnifiques. Six ans après Knysna, c'était une performance positive, mais l'amertume durerait longtemps. Tu passes à autre chose parce que c'est ton métier, et la seule façon de rester compétitif, mais chaque fois que tu te retournes et que tu regardes par-dessus ton épaule, tu vois cette finale perdue pour quelques centimètres, et tu te dis que t'étais à ça d'être sacré en France, comme la génération Platini en 1984, comme la génération Zidane en 1998. La douleur ne s'atténue pas avec le temps. Elle revient moins souvent, c'est tout.

L'été n'était pas fini. Le 14 juillet, j'étais en Corse, à Porto-Vecchio, pour célébrer l'enterrement de vie de garçon de l'un de mes meilleurs amis, Stéphane. À 23 heures, les téléphones ont commencé à sonner dans le restaurant. C'est comme cela que l'on a appris l'attentat meurtrier de la promenade des Anglais, à Nice. J'ai eu très longuement Marine au téléphone, et on était d'autant plus choqués que ma belle-mère avait proposé d'emmener les filles sur la promenade des Anglais pour regarder le feu d'artifice, ce soir-là. Finalement, elle avait renoncé. J'ai pris le premier avion, le lendemain matin, et j'ai participé peu après à la marche organisée par le maire, Christian Estrosi. J'ai voulu être là. C'est ma ville, et on avait été attaqués. Je pense souvent aux familles qui ont perdu des proches. Dans cette saison traversée par les drames, par les attentats de novembre à Paris et par celui de Nice, l'Euro aura été une parenthèse pour échapper à la réalité, collectivement, même si le GIGN était toujours avec nous, même s'il y avait des craintes terroristes avant l'Euro. L'attentat du 14-Juillet à Nice aura été un retour brutal à la réalité et à son horreur. La ville en reste profondément marquée, aujourd'hui encore. Il existe un mémorial, où l'on va parfois déposer une gerbe. Quand je passe devant, en voiture, je ne peux jamais oublier. Je sais que c'est là. Cela restera toujours l'endroit où ça s'est passé.

XV

Un peu fou

Je suis sûr qu'on peut être un très bon gardien en ayant été sage et calme toute sa vie. Mais je sais aussi que la plupart des gardiens ont un grain. Avec l'âge, je l'ai peut-être mieux caché, sur le terrain, ce qui m'a permis de me protéger un peu et de protéger les autres. Au début de ma carrière, on m'a beaucoup reproché mes attitudes kamikazes. On me reparle encore d'un épisode avec Lyon, face à l'OM et Baky Koné. J'étais sorti au-devant de lui sur un ballon en profondeur, j'avais fait écran avec mon corps et touché le ballon avec la main : c'est lui qui était en retard et qui était venu me heurter, je pense avec sa tempe. Malheureusement, il s'était écroulé, après avoir perdu connaissance, et il avait dû être transporté à l'hôpital. J'étais désolé pour Baky, avec qui j'avais joué, et qui est un gars adorable. Mais la suite avait été brûlante. Sur l'action suivante, Zenden avait laissé volontairement traîner le pied sur moi. Je m'étais relevé sans rien dire. Mais, à la fin de la mi-temps, en sortant du vestiaire pour revenir sur le terrain, tous les Marseillais me sont tombés dessus. Laurent Spinosi, l'entraîneur des gardiens de l'OM, avec qui j'ai toujours eu une bonne relation, un gars charmant, m'avait chauffé et insulté, si bien que je m'étais rapproché de lui et que tout le monde avait eu peur qu'on se batte. Mais cela ne m'avait pas déstabilisé, pas plus que les mots d'Anigo, qui criait, dans le couloir : « Oh, Lloris, c'est pas bien ce que tu as fait, à un ancien coéquipier en plus ! »

Il n'est pas facile, en France, d'avoir raison contre l'OM. Alors tout avait pris des proportions énormes, et je me revois sur le parking du centre d'entraînement de l'OL, à Tola-Vologe, au téléphone dans ma voiture, en train de répondre à RMC, soudain obligé de me justifier, alors que c'était une action de jeu et que je n'étais pas dans mon tort. Je pouvais comprendre la crainte des Marseillais de perdre leur attaquant pendant un moment et leur volonté de le défendre. Mais pourquoi à ce point s'en prendre à moi ? Parce que j'étais un joueur de l'Olympique lyonnais ? Parce que j'étais en concurrence avec Steve Mandanda ? J'avais eu l'impression que plein de choses entraient en compte, mais j'avais décidé, aussi, de ne pas entrer dans ce jeu.

Un gardien doit se faire respecter. Quand Fabien Barthez a fait faire un soleil à Ronaldo pendant la finale de la Coupe du monde 1998, personne ne lui a reproché sa sortie. Elle est même devenue l'une des images les plus célèbres de la finale. Fabien s'était fait respecter. J'ai tendance à aller au-devant des attaquants, et parfois c'est un peu à la limite. Mais c'est mon jeu, mon territoire, ma surface, ma responsabilité. À Lyon, Joël Bats aimait stimuler la folie de ses gardiens. Parfois, dans certains exercices, on avait un gage. Il fallait se lancer dans le petit jeu des joueurs de champs, tacler comme un fou et sortir le ballon, ou alors monter au sommet d'un bâtiment, au club. Régulièrement, il nous invitait dans un bon restaurant, à Charbonnières, à la Rotonde, et au dessert, il fallait que l'on saute par-dessus la cloche à fromage. J'ai toujours eu cette part de folie en moi. À cinq ou six ans, j'adorais plonger la tête la première dans les pieds des attaquants. Même quand on est calme et réfléchi, il faut garder de la folie, c'est indispensable pour notre poste, et les prises de décision. Les réactions d'un gardien peuvent sembler excessives, parfois, mais il arrive que les fils se touchent et qu'on ne se contrôle pas

Je préfère une sortie dans les pieds, tête la première, qu'un arrêt. J'aime quand c'est moi ou l'autre. Avec la VAR, il a fallu que je calme, mais quand j'ai démarré, j'adorais aller à l'extrême. J'ai beaucoup de cicatrices. Jamie Vardy a lacéré mon genou, un attaquant de Crystal Palace m'a ouvert derrière l'oreille, et de nombreux points de suture remontent à l'enfance. Régis Bruneton, mon entraîneur en débutants au Cedac Cimiez, a raconté qu'un mercredi matin, alors qu'il me défiait dans une séance de tirs et qu'il ne marquait pas, je n'avais pas pu terminer la séance, après m'être ouvert l'arcade sur le poteau. La tête en sang, en partant à l'hôpital, je lui avais lancé : « T'as vu, Régis, t'as pas marqué ! »

J'ai toujours aimé les risques. Une année, en vacances à la neige, ma mère m'avait laissé à l'école de ski pour la semaine. J'avais 10 ans, et un soir, quand elle est venue me chercher, elle m'a vu en pleine compétition de saut à ski, avec mon casque, prendre une grosse bosse grâce à laquelle on sautait jusqu'à quinze mètres. J'adorais ça, j'étais fonceur. Je suis calme dans la vie de tous les jours, mais dès que je rentre dans le jeu, ou dans une activité, j'ai besoin d'adrénaline et il faut que je fonce. Quand je monte à la montagne avec les enfants, je me promets toujours de ne pas skier, conformément à mes contrats. Mais il n'est pas facile de tenir ses promesses. J'ai toujours aimé m'approcher de la limite, et c'est de cette manière que je l'ai dépassée, à l'été 2015, à Ibiza. Cela allait me coûter un poignet, ce qui ne pouvait être qu'une mauvaise idée pour un gardien. J'étais parti en vacances avec Stéphane, un de mes meilleurs amis, qui me ressemble : au départ, dans les criques, on commençait par sauter d'un rocher, puis on finissait par s'élancer de la falaise, plus haut. On avait fait la même chose en quad : d'abord une promenade sur l'île, tranquilles, avec nos femmes, puis une sortie à deux pour la vitesse et les sensations. On avait repéré une colline. On s'en était plutôt bien sortis pour monter, en utilisant la vitesse. C'est la descente qui a été un problème. À force d'appuyer, j'ai perdu le contrôle du quad dans un virage. J'avais le choix : soit le ravin, mais j'aurais pu y passer, soit le mur. J'ai choisi le mur : j'ai lâché le quad et je me suis fracturé le triquétrum, un os du poignet. Verdict : quatre à six semaines pour la consolidation, à un moment où on parlait de moi pour Manchester United.

J'ai fait deux semaines de préparation comme joueur de champ, et je n'ai raté que le match d'ouverture de Premier League, contre les Reds, où j'étais sur le banc. Je crois que le club n'était pas au courant de l'origine de la blessure, mais le coach, oui. Si Mauricio ne m'avait pas engueulé pour l'accident, c'est parce que je ne lui avais pas dit tout de suite. Au départ, le vendredi, à Ibiza, on m'avait annoncé que je n'avais rien de cassé. Heureusement, Stéphane est kiné et il avait drainé le poignet, qui avait bien gonflé. Mais après une radio de contrôle, le mardi à Nice, le diagnostic avait changé : fracture. J'ai alors prévenu le coach, mais il s'était écoulé une semaine entre l'accident et le diagnostic, et il n'avait pas aimé.

Mais si je suis peut-être un peu fou, comme tous les gardiens, les colères qui ont été surprises par les caméras de télévision n'en sont pas une preuve supplémentaire. Enfin, je crois. Avec l'OL, il y a eu une scène célèbre dans le couloir du stade de Nice. On avait perdu 2 points à Rennes (1-1) la semaine précédente en prenant un but à la dernière minute, on était toujours en course pour le podium, on menait 2-0 à Nice, j'avais arrêté un penalty et, en fin de match, on avait complètement perdu le contrôle : on avait pris un nouveau penalty et un carton rouge, puis un deuxième but à la 92e minute sur un corner évitable. En général, je sais me contenir, mais ce jour-là, dans le couloir où tout était filmé, tout est sorti et j'ai hurlé : « J'en ai ras le cul, ras le cul ! On se chie dessus, vous ne respectez pas le club ! » Quand je revois les images, je ne suis pas fan. Je trouve que ce n'est pas beau à voir. On m'a dit que cela n'était pas mauvais pour mon image mais, franchement, j'aurais préféré éviter. On m'a vu péter un câble à Nice, mais il y a eu d'autres épisodes, moins bien filmés, c'est tout. Je me souviens d'un jour où j'avais interrompu sèchement le monologue de Michel Bastos, qui s'excusait dans le vestiaire après une défaite à Toulouse (2-0), où on avait terminé à neuf.

La fameuse scène avec Sonny (Son Heung-min), mon coéquipier de Tottenham, a eu, au moins, une audience plus internationale, puisqu'on était en plein tournage de la série Amazon sur le club. Le 6 juillet 2020, face à Everton, dans un stade encore vide, on avait encore une chance d'accrocher la Ligue des champions, mais on venait de subir à Sheffield (3-1), quatre jours plus tôt, une défaite qui nous avait heurtés et que je n'avais pas acceptée. Face à Everton, on menait 1-0 juste avant la mi-temps, j'étais encore dans la déception de Sheffield, quand, sur une contre-attaque, alors qu'il voyait bien qu'on allait perdre le ballon, Son avait continué sa course vers l'avant en sachant qu'il n'aurait plus le temps de se replier. En trois passes, Everton s'était approché et avait frappé au ras du poteau. Je lui avais reproché tout de suite son attitude, un peu vivement, et lui, surpris que je le pointe du doigt, m'avait insulté en retour. Quand l'arbitre a sifflé la mi-temps, la discussion a continué et le ton est monté. Ce n'est même pas l'insulte qui m'a rendu fou, c'est son côté dédaigneux quand je lui parlais. C'est comme ça que j'ai perdu le contrôle. Dans un stade normal, personne ne nous aurait entendus. Dans un stade vide, tout le monde a entendu. Ce que je me reproche, c'est de ne pas avoir attendu d'être dans le vestiaire pour déclencher le truc. Je ne sais pas si on aurait fini par se battre, mais on se serait bousculés, sûrement. Là, c'est Serge Aurier, un sacré personnage et un grand cœur, qui m'a retenu. Tout le monde a entendu mes hurlements dans la série, au moment où on entre dans le vestiaire : « C'est pareil pour toi, pareil pour Harry, pareil pour Lucas. Les trois de devant doivent défendre ! » J'étais hors de moi, et cela a duré toute la mi-temps. Quand José Mourinho a pris la parole, j'étais encore comme un fou. Il a fallu que le jeu reprenne pour que je me calme.

À la fin du match, c'était oublié. Avec Sonny, on s'adore, et c'est difficile de ne pas l'adorer, mais parfois, il peut agacer, et il y a des aspects du combat qu'il accepte plus difficilement. Amazon a presque fait toute sa promotion de la série sur cette scène. J'en avais été prévenu, et j'ai accepté de m'exprimer pour l'expliquer et la resituer dans le contexte. On ne voulait pas montrer que le foot était tout rose, alors j'ai argumenté.

Je préfère, quand même, les colères que personne n'a vues. Mais j'en suis économe, ce qui est indispensable si on veut qu'elles soient utiles. Il y a des joueurs qui veulent parler tout le temps et, à la fin, ils sont un bruit de fond. Il faut donc faire attention. Je ne suis pas expansif, je parle peu, comme Antoine Griezmann parle peu, mais quand il lâche quelques phrases au bon moment pendant la Coupe du monde 2022, cela touche tout le monde. Ces choses-là viennent avec le temps et la maturité. J'ai évolué en tant que capitaine et en tant qu'homme. Je n'étais pas prêt à 25 ans, mais je l'ai été plus tard. Avec l'expérience, on peut anticiper les choses, avertir de ce qui risque de nous arriver si on continue sur cette voie. Cela évite de se mettre en colère après, en général.

XVI

Les années Pochettino

J'ai adoré jouer à Tottenham. J'ai adoré travailler avec Mauricio Pochettino. J'ai adoré le sentiment, rare dans le foot, de contribuer à la construction d'un club, en progressant chaque année, sans connaître nos limites, et en sentant à quel point un trophée avec le Spurs aurait eu plus de valeur qu'ailleurs. Je regrette de n'avoir rien gagné, en douze ans, parce qu'on l'aurait souvent mérité, mais je ne regrette pas d'être resté. Quand on gagne avec un grand club historique, c'est le club qui nous porte. Quand on avance avec Tottenham, c'est nous, le coach, Harry Kane, moi, les leaders, qui portons le club.

L'arrivée de Mauricio et de son staff, en 2014, a tout changé. Lors de notre première rencontre, je lui ai dit que je me souvenais de lui, de ses cheveux longs, et que je l'avais aperçu un jour qu'il était venu s'entraîner avec le PSG à Nice au Parc des sports, une veille de match. J'ai tout de suite adhéré à sa philosophie de jeu et de travail. Il voulait une équipe très agressive, intense, qui presse et qui ait le ballon. Il considérait que le niveau des entraînements devait être supérieur encore à l'intensité des matches. Pour quelques joueurs anglais historiques de l'effectif, il a été compliqué de changer de logiciel. On allait terminer cette première saison à la 5e place, mais tout avait du sens, tout était posé, et Harry Kane a commencé à marquer. Sous une personnalité très discrète, très tranquille, sa confiance en lui, sa manière de revendiquer et d'endosser la responsabilité étaient déjà impressionnantes. À l'entraînement, on le voyait faire de belles choses, mais on n'imaginait pas le monstre qu'il allait devenir dans le football européen.

Pour attribuer le capitanat, Mauricio a réuni Younès Kaboul, Manu Adebayor et moi, et nous a lancé : « Vous êtes les trois leaders, maintenant vous décidez entre vous qui porte le brassard. Ce n'est pas mon problème, mais je compte sur vous. » Par respect et pour l'historique, on avait choisi Younes en 1, Ade en 2 et moi en 3. Mais j'allais assez rapidement récupérer le brassard au fur et à mesure des blessures et des choix d'équipe.

À l'été 2015, une rumeur dans les journaux a fait état d'une clause libératoire de 35 millions d'euros dans mon contrat. C'était faux, je n'en avais pas, mais je pense que cette « information » traduisait une volonté de sonder le marché. David de Gea était attendu au Real et je savais que Manchester United était intéressé. Pat Évra m'en a parlé lors d'un rassemblement, lui aussi. Mais je n'étais pas demandeur. J'avais trouvé ce que je cherchais, enfin, à Tottenham : une régularité dans les performances, la vision d'un entraîneur, la relation avec le public et la qualité de la vie quotidienne. Finalement la question ne s'est pas posée, puisque de Gea est resté. Pour ce qui concerne la rumeur qui a suivi, qui m'envoyait au PSG, tout n'était pas faux : Jean-Louis Gasset avait appelé Mauricio pour se renseigner. Mauricio lui avait répondu qu'il n'en était pas question. Il me l'a avoué, mais un peu plus tard.

Lors de la deuxième saison (2015-2016) avec Mauricio, l'année historique de Leicester, on allait devenir une vraie force, et notre 3e place serait le meilleur classement du club depuis 1990. L'histoire de Leicester était magnifique et, puisqu'on était ceux qui avaient longtemps cru pouvoir l'empêcher, on a fini par devoir se battre contre tout le monde.

Après avoir passé douze ans à Tottenham, je sais ce que je regrette le plus : White Hart Lane. Pour nos retrouvailles en Ligue des champions, à la rentrée 2016, il a fallu déménager à Wembley, pendant que commençaient les travaux dans notre vieux stade. À White Hart Lane, les choses auraient été complètement différentes. On était injouables. La dernière saison, on a terminé invaincus sur ce terrain mythique, toutes compétitions confondues : une première depuis 1964-1965. On avait gagné nos quatorze derniers matches de championnat ! Il y avait une énergie incroyable, on maîtrisait parfaitement toutes les distances du terrain, notre positionnement était parfait et on pouvait plus facilement prendre l'adversaire à la gorge. J'aurais aimé, vraiment, jouer en Ligue des champions là-bas. En fait, je me suis toujours demandé comment aurait été la suite si on était resté à White Hart Lane. Beaucoup d'équipes ont perdu quelque chose en quittant leur stade. Et au moment même où l'on se sentait capables de gagner, on s'est ajouté une difficulté en partant deux ans à Wembley. On s'en est bien sortis (3e, puis 4e), mais on avait commencé à perdre des points à domicile qu'on ne perdait pas à White Hart

Lane. Pour les adversaires, jouer à Wembley était comme jouer une finale, alors qu'à White Hart Lane, la question était seulement de savoir combien on allait leur en mettre. À la fin de la saison 2016-2017, on a fini avec 86 points, 10 points de plus que Leicester la saison précédente, mais à sept longueurs de Chelsea. Il n'y avait pas de gros regret à avoir. Chaque année, on est montés d'un cran.

On repoussait nos limites en match, mais surtout à l'entraînement. Mauricio était exigeant et chaleureux à la fois, convivial. Une fois par trimestre, il invitait les joueurs et le staff, et c'était important, surtout dans une ville comme Londres où les distances sont une contrainte. Il a amené une âme que je n'avais pas perçue au club avant lui. Si je suis resté aussi longtemps, c'est d'abord parce que j'étais heureux dans cette équipe, au milieu des fans qui chantaient « Hu-go, Hu-go » en prononçant « You-go ». J'ai appris à connaître le club, où je croisais une fois par semaine Pat Jennings, gardien de légende, la référence de Franck Raviot, l'entraîneur des gardiens de l'équipe de France, qui avait ressenti comme un privilège le fait de pouvoir lui serrer la main, un jour qu'il me rendait visite. Pat a toujours ses longs cheveux et ce maintien élégant. Il avait près de 40 ans quand il a disputé sa seule Coupe du monde avec l'Irlande du Nord, en 1982, lors de laquelle il avait consolidé sa légende, sa manière de sortir et de prendre les ballons aériens à une main, et souvent sans gants.

Daniel Levy, le président, est moins chaleureux naturellement. Il est dur en affaires et cherche à tirer avantage de chaque situation. En 2018, après notre titre de champion du monde, il m'a convoqué dans son bureau pour me dire :

« Hugo, je suis content pour toi, j'aimerais te récompenser pour ce titre. J'aimerais te donner une prime. En contrepartie, tu me donneras une option unilatérale pour une année supplémentaire à la fin de ton contrat.

— Mais, Daniel, vous êtes en train de négocier, là ? Si vous voulez, on négocie, mais c'est autre chose… »

Ce jour-là, je lui ai donné des chiffres, et il n'est plus jamais revenu vers moi. Mais je n'ai jamais pris les choses personnellement. C'est le business. Il faut juste le connaître, et savoir qu'il y a toujours une contrepartie.

En Ligue des champions, en 2017-2018, on a grandi, encore, mais l'expérience nous a manqué en huitièmes, face à la Juve. En constatant notre évolution, je prenais un plaisir incroyable. Un plaisir de capitaine, aussi, face à cette harmonie.

Mais il aurait fallu, à ce moment précis de l'histoire, que le club accélère nos progrès et accompagne nos efforts en régénérant le groupe. L'été 2018 a été révélateur d'un immobilisme : le club n'a recruté absolument personne, à un moment où Liverpool prenait tous les meilleurs joueurs du marché. On était devant eux, et ils nous doublaient. On nous demandait d'être champions d'Angleterre, mais avec des salaires bien inférieurs à ceux de nos concurrents, et même de certains joueurs de West Ham ou d'Everton au même poste. On ne luttait pas à armes égales. Il était inévitable, à terme, que la dynamique s'effrite un peu et que le groupe fatigue.

Alors, la saison 2018-2019 serait à la fois celle où l'on irait le plus loin en Ligue des champions et celle où l'on terminerait en Premier Ligue très loin derrière Manchester City et Liverpool. En championnat, on était à bout de souffle, et on l'avait senti dès la sortie de l'hiver. Mais il restait la Ligue des champions pour nous porter, nous transporter. La Ligue des miracles. Dans la phase de groupes, on s'était qualifiés en égalisant à la 85e minute de la dernière journée contre Barcelone (1-1) et parce que l'Inter n'était pas parvenu à battre le PSV (1-1) dans l'autre match. C'était un premier miracle. Bien sûr, pour que le ciel nous aide, on l'avait beaucoup aidé, nous aussi : comme toujours, la Ligue des champions me transcendait. En huitièmes de finale, contre Dortmund, à l'aller et encore plus au retour, je m'étais senti invincible.

D'autres miracles allaient suivre. Début avril, en quart de finale aller, contre Manchester City, notre premier match européen dans notre nouveau stade, on avait concédé un penalty très tôt dans la partie. Face à moi, au pied de la nouvelle tribune, Sergio Agüero. J'avais arrêté deux penalties en janvier, un contre Vardy et Leicester, l'autre face à Aubameyang et Arsenal. Les buts à l'extérieur comptaient encore, et ce penalty pouvait faire basculer le quart de finale. Je connaissais bien Sergio, je savais qu'il pouvait tirer croisé, ouvert, partout. Mais j'étais parti du bon côté, j'avais repoussé le ballon, et j'entends encore aujourd'hui le vacarme qui avait fait trembler la tribune derrière moi. De manière étonnante, je n'ai jamais pris de but contre City dans notre nouveau stade.

Après cette victoire grâce à un but tardif de Son (1-0), viendrait le match retour à Manchester, huit jours plus tard : un nouveau miracle, et un match qui restera longtemps dans les mémoires. Après avoir vécu près de 900 matches professionnels, je sais que des soirées comme celle-là se comptent sur les doigts d'une seule main. Rien n'avait été rationnel. J'allais prendre quatre buts, presque cinq, et pourtant j'avais fait des arrêts : autrement dit, un match horrible pour un gardien. Un enfer. Mais à l'heure de jeu, à 4-2 pour City, Llorente était entré et il avait marqué, pour inverser une fois de plus le sens de cette soirée dingue. J'ai adoré jouer avec lui. C'est un gars incroyable, très positif, qui aime le foot et les rapports humains. À 4-3, il fallait que City marque pour nous éliminer. Et après six minutes dans le temps additionnel, Raheem Sterling avait marqué. Le stade avait explosé, Pep Guardiola courait dans tous les sens pendant que nous étions désespérés. C'était les débuts de la VAR, et personne ne s'était rendu compte qu'il y avait hors-jeu d'Agüero au début de l'action. L'arbitre avait annulé le but. Je n'ai jamais vu un ascenseur émotionnel traverser autant d'étages en un instant.

Cet élan et ce sentiment qu'une bonne étoile veillait sur nous ne nous avaient pas empêchés de passer complètement à côté de la demi-finale aller, contre l'Ajax (0-1). J'ai toujours eu du mal à parler après les défaites. Marine le sait, même si elle dit que cela va mieux ces dernières années. Ce soir-là, alors que je la retrouvais avec des amis, j'étais seulement sorti de mon silence pour lâcher : « C'est fini. Quand on n'est pas capable de gagner à domicile… » Je pressentais, aussi, la fin d'un cycle. On fatiguait. Mais la semaine d'après, l'incroyablement renversement de Barcelone par Liverpool à Anfield (4-0, après avoir perdu 3-0 au Camp Nou), la veille de notre match retour à Amsterdam, nous avait rappelé que les trucs les plus dingues pouvaient arriver en demi-finales de la Ligue des champions.

Dans sa causerie d'avant-match, Mauricio avait tenté de créer un électrochoc. À la place d'un discours de cinq à dix minutes, il avait parlé à peine trente secondes : « C'est votre demi-finale. C'est votre truc. Vous aurez la composition d'équipe sur le tableau du vestiaire. » Mais à la mi-temps de cette demi-finale retour, on était menés 2-0 par l'Ajax, soit 3-0 sur l'ensemble des deux rencontres. La tension était vive. Dans notre vestiaire, tout partait dans tous les sens : Harry Kane, frustré de ne pas jouer, avait piqué une colère monstre ; j'avais parlé, moi aussi, ainsi que le coach, bien sûr. Mais paradoxalement, je sentais l'équipe moins impuissante qu'à l'aller, et plutôt que de crier, je répétais sans cesse : « Les gars, un but et ça peut changer. Un but ! Il faut rester dans le match. » Et, en effet, un but de Lucas, à la 55e minute, avait tout changé, parce que le deuxième but, de Lucas encore, avait suivi immédiatement, à la 59e minute. On pouvait sentir, soudain, la peur chez notre adversaire. À 2-2, on se rendait coup pour coup. J'avais dû à nouveau faire des arrêts, et nous qui avions l'habitude de poser le ballon au sol, on allait se qualifier au bout de la nuit et du temps additionnel sur une action à l'opposé de nos valeurs : un ballon long de Moussa Sissoko, une déviation de Llorente, puis voilà le troisième but de Lucas, qui allait faire hurler tous les commentateurs du monde. Cela resterait l'un des moments les plus dingues de ma carrière. Je venais de monter sur un corner, juste avant le but, parce que le match était presque terminé, et j'allais traverser deux fois le terrain à fond : pour reprendre ma place le plus rapidement possible et ne pas laisser le but vide, puis pour aller bondir sur Lucas et les autres, au pied du virage où étaient regroupés les fans des Spurs. Les images de joie seraient magnifiques, après, montrant Mauricio pleurant sur la pelouse, m'attrapant par le cou en zone mixte et ne me laissant aucune chance de repartir, euphorique, fou de joie et incroyablement ému.

Moins d'un an après la finale de la Coupe du monde, j'étais en finale de la Ligue des champions, face à Liverpool, me retrouvant dans le cercle réduit de ceux qui auront disputé une finale d'Euro, de Coupe du monde et de Ligue des champions à la suite. La veille de la finale, à Madrid, j'avais croisé Dejan Lovren, le défenseur des Reds, mon ancien coéquipier à Lyon. Il m'avait lancé : « Bon, Hugo, tu as eu la Coupe du monde, tu peux me laisser la Ligue des champions ! »

Je ne la lui ai pas laissée. On nous l'a prise. Le penalty sifflé par M. Skomina, après moins de deux minutes de jeu, a tué la finale et nous a anéantis. À partir du 2 juin 2019, la règle disposerait qu'il n'y a pas de penalty si le ballon heurte la main après avoir touché une autre partie du corps. La finale a eu lieu le 1er juin. Le ballon a touché le corps de Moussa Sissoko avant de rebondir sur sa main, et ce qui n'aurait plus existé le lendemain a fait basculer la finale avant qu'elle ne commence vraiment. Liverpool allait se contenter de bien défendre. Quant à nous, on a seulement joué notre chance, et notre jeu, pendant les vingt dernières minutes. Ce n'était pas une belle finale. J'ai disputé trois finales avec Tottenham, deux en Coupe de la Ligue, en 2015 et 2020, une en Ligue des champions, et on n'a jamais marqué un but. Il était tellement décevant d'avoir vécu toutes ces émotions et que l'aventure finisse comme ça… Je ne sais pas si tout le monde s'est rendu compte, dans le club et dans l'équipe, à quel point il est difficile d'arriver en finale, et à quel point il est difficile d'en revenir. Je ne suis pas sûr que l'on ait compris que c'était peut-être notre seule chance de gagner la Ligue des champions dans notre carrière. Qu'on ne jouait pas dans un club programmé pour la gagner. Qu'on aurait pu ne plus jamais entendre que Tottenham ne gagnait rien. Qu'on aurait pu avoir nos noms gravés pour toujours dans l'histoire du club. C'est ce que ce penalty nous a enlevé.

Il nous reste, quand même, un souvenir gravé. Malgré la situation historique, Daniel Levy avait refusé de renégocier les primes qui avaient été fixées au mois d'août, et avait eu l'idée de nous offrir une très belle montre, à la place. Quatre jours avant la finale, il nous avait réunis pour nous annoncer, avec le concours d'un sponsor, que le club nous offrait une belle montre, modèle aviateur. On avait d'abord trouvé la boîte élégante. Ensuite, on l'avait ouverte, et on avait découvert qu'il avait fait graver au dos de chaque montre, avec le nom du joueur, « *Finaliste de la Ligue des champions 2019.* » « Finaliste ». Qui fait ça, à ce moment-là ? On ne s'en est toujours pas remis. Si on avait gagné, il n'aurait pas repris les montres pour faire graver « *Vainqueurs* ». J'ai beaucoup de respect et d'estime pour l'homme, le président et tout ce qu'il a fait pour le club, et j'ai appris à le connaître, mais il y a des choses qu'il ne sait pas faire. Bien que je la trouve magnifique, cette montre, je ne l'ai jamais mise. J'aurais préféré qu'il n'y ait rien dessus. Avec une gravure comme ça, il n'a pas dû être si surpris que l'on soit mené 1-0 après deux minutes : c'était écrit.

À la réception d'après-match, à l'hôtel, j'ai eu le sentiment que des gens du club et certains joueurs n'étaient pas assez désespérés d'avoir perdu. J'aurais aimé que l'on vienne me voir pour me dire : « Ne t'inquiète pas, Hugo. Plus jamais ça. On va vous donner les moyens de revenir. » Mais quand je suis rentré dans ma chambre, le soir de la finale, je pense que j'ai eu la même sensation que Mauricio et Harry : est-ce que le club veut vraiment gagner ? Le Real Madrid n'aurait jamais célébré une finale perdue, et on n'aurait pas dû le faire non plus.

Tout a été difficile, ensuite, pour Mauricio et pour nous. Le club avait investi, enfin, dans le recrutement, mais la finale de la Ligue des champions n'était pas digérée, le groupe pas assez régénéré, et la tension allait grandir à la suite d'une décision du club qui touchait à la vie de groupe, sans notre consentement ni celui du coach : les caméras d'Amazon étaient partout. Face à la somme évoquée, une dizaine de millions de livres, on a posé la question de l'intéressement pour ceux dont la saison et l'activité allaient être affectées, tous les gens à qui on demanderait de porter un micro chaque jour. La réponse était venue assez vite : non.

Alors, à la cantine, quand les équipes de tournage posaient des petits micros sur certaines tables, on allait s'asseoir sur les autres. On faisait attention tout le temps. Le seul endroit où on pouvait parler librement était le vestiaire de l'entraînement, dont on avait obtenu qu'il reste sacré. Ce n'était pas un dispositif léger, parfois des micros étaient posés pendant les séances. Ce n'était pas un détail, c'était une contrainte, avec des conséquences.

Sportivement, on a souffert, en prenant sept buts contre le Bayern (2-7) en phase de poule de C1, même s'il ferait mieux, en quart, contre le Barça pendant le confinement (8-2). On a été sorti de la Coupe de la Ligue par Colchester, une équipe de League One, la D3 anglaise, un soir où j'étais sur le banc. Mon fils Leandro était né quatre jours avant, la veille d'un match à 12 h 30 à Leicester, et pour la seule fois de ma carrière j'avais demandé au coach de ne pas jouer et de ne pas venir. Je ne voulais pas laisser les filles seules à la maison ; je voulais les amener pour rencontrer leur petit frère, le lendemain.

J'avais eu envie de rester à la maison, et les conséquences allaient être terrible : le 5 octobre 2020, à Brighton, je me suis fracturé le coude sur la première action du match. J'étais en train de reculer sur un ballon qui venait de très haut en redescendant très vite, quand j'ai décidé de jouer en deux temps : repousser le ballon devant la ligne pour ne pas risquer d'entrer dans le but avec le ballon, et le reprendre après. Malheureusement, dans les stades anglais, la surface derrière la ligne n'est pas toujours en herbe et souvent en pente. C'est le cas à Brighton. J'ai donc glissé, je suis parti en arrière et mon premier réflexe a été de m'appuyer au sol avec mes deux bras pour tout de suite me remettre sur mes appuis. Mon bras gauche a complètement lâché.

Je ne sais pas si le hasard a joué, après les finales de l'Euro, de la Coupe du monde et de la Ligue des champions, les saisons longues, la naissance de mon fils, les sept buts contre le Bayern, même si je n'étais pas fautif. Mais la charge mentale a peut-être pesé dans cette blessure, qui allait m'éloigner des terrains pendant trois mois. Sur le moment, une douleur m'a traversé comme jamais je n'en avais connu dans ma vie. C'était horrible, je sentais mon bras disloqué, séparé en deux morceaux ne tenant que par un fil. La douleur était aiguë, terrible, et le staff n'était pas parvenu à me donner du gaz pour l'atténuer, la machine ne fonctionnant pas. J'ai souffert atrocement jusqu'à l'arrivée à la clinique, où on allait me réduire la luxation du coude. Tout avait été déchiré, les muscles, les ligaments, et j'ai choisi de ne pas me faire opérer dans l'urgence. J'avais un bras énorme, envahi d'œdèmes de toutes les couleurs, rouges, noirs, jaunes. J'ai bien fait de ne pas me faire opérer tout de suite, parce que les œdèmes m'auraient empêché, peut-être, de retrouver une amplitude normale. Quand j'ai été opéré à Londres, le jeune chirurgien, qui avait l'habitude de soigner des boxeurs et des rugbymen, a greffé des ligaments sur l'os et réparé les muscles déchirés. Mais il a dû contracter une assurance spéciale, n'ayant jamais opéré des joueurs avec des contrats comme ceux des footballeurs. C'était la première opération de ma vie, ma première anesthésie.

Je n'ai pas été malheureux. Léandro était là et j'allais pouvoir passer beaucoup de temps avec lui, ce que je n'avais pas pu faire avec Anna-Rose et Giuliana. Je me suis rattaché aux choses positives, aux séances de rééducation avec Dave, le kiné de Tottenham, qui viendrait même à Nice avec moi, et Christophe Geoffroy, le kiné de l'équipe de France, qui a passé cinq jours à Londres. Il faut un an à une personne normale pour retrouver l'amplitude, le bras tendu, et j'y suis parvenu en dix jours. Il ne me manquait que cinq degrés, qui sont revenus petit à petit.

Pendant, cette période, un soir, Mauricio Pochettino m'a appelé à la maison. Il m'a annoncé qu'il n'était plus l'entraîneur des Spurs. Je me souviens de ma réponse : « Arrête de plaisanter avec ça. » Il a insisté, moi aussi (« C'est pas vrai. Je ne te crois pas »), et j'ai fini par comprendre. Le club lui avait annoncé son licenciement, lui avait remis une lettre, en lui interdisant de dire au revoir aux gens du club, au staff et aux joueurs. Il nous laisserait un mot sur le paperboard du vestiaire, qui ne resterait pas longtemps. Certains l'ont pris en photo, parce que l'encre pouvait s'effacer facilement, et la reconnaissance aussi.

Je ne l'avais pas senti venir. Après quatre saisons d'affilée dans le top 4, il était normal de redescendre un peu pour mieux repartir, et il aurait mérité un peu plus de crédit. C'est lui, au fond, qui aura créé l'exigence qui l'avait renversé. Je me suis parfois demandé ce que j'aurais pu faire si je n'avais pas été blessé, et ça m'a fait mal de n'avoir pas pu l'aider, et de ne pas avoir pu aider l'équipe, dans mon rôle de gardien et de capitaine, au jour le jour. L'arrivée de José Mourinho à sa place était le rebondissement idéal pour Amazon. José allait laisser les caméras et les micros s'installer partout.

Comme Mauricio habitait à dix minutes du centre d'entraînement, je suis allé le voir très vite, plusieurs fois. Je n'ai pas été le seul. Il reste étonnant qu'il ait été écarté alors que le socle de joueurs derrière lui était aussi large, mais il y avait aussi des gars qu'il ne souhaitait pas garder et qui ont prolongé leur contrat dès qu'il est parti. Il a peut-être payé, aussi, les piques qu'il lançait au club dans les médias, à la fin. Il a été victime de l'usure, sûrement.

On n'a rien gagné avec Mauricio, c'est vrai. Mais la quête a été magnifique.

XVII

Tout l'or du monde

Entre finaliste et vainqueur, il y a trop d'écart ; c'est injuste. Dans le foot, on ne dit pas « vice-champion », on dit « finaliste », et c'est une défaite. S'il y avait un podium, avec trois équipes et trois médailles, la 2e place serait mieux valorisée. Un troisième de Coupe du monde finit par une victoire et il est accueilli en héros. Le finaliste de l'Euro 2016, lui, a terminé par une défaite, et il lui faudrait deux ans pour s'en remettre.

2016, c'est l'année de mes 30 ans. Je ne le sens pas, ce temps qui passe. Mais j'entre dans les années où j'ai tellement d'expérience que j'aborde les phases finales en sachant exactement ce dont j'ai besoin et comment gérer les moments-clés. Quoi qu'il arrive pendant la saison, je sais que je serais prêt. Le temps permet d'acquérir cette connaissance de soi. La compétition est dans un coin de ma tête et l'équipe de France a toujours été mon fil conducteur. Je me suis battu tout au long de ma carrière pour garder un certain niveau de régularité en club, afin d'être présent et à mon meilleur niveau dans les phases finales.

Mais avec les Bleus, la route vers la Coupe du monde 2018 en Russie n'a pas été un chemin si tranquille. On se souvient peut-être de mon arrêt sur une volée de Depay à la dernière minute d'un match gagné contre les Pays-Bas (0-1), en octobre 2016, mais personne n'a oublié mon erreur en Suède qui a amené un but et notre défaite (1-2), en juin 2017. Tous les gardiens font des erreurs, et nous vivons avec elles, mais je les ai en horreur, et ce d'autant plus lorsqu'elles ont un impact sur le résultat.

Je me suis précipité sur ma relance, parce que je vivais le score (1-1) comme une défaite, alors que ce n'était pas le cas et que la défaite est venue de mon erreur. J'aurais dû jouer ce ballon à une touche, mais je l'ai contrôlé, puis dégagé, mal, sous pression, dans l'axe, et un Suédois l'a intercepté et marqué de près de cinquante mètres. À la dernière seconde, dans le dernier match de la saison. Cela m'a fait mal. J'ai attendu septembre tout l'été, pour montrer autre chose. Didier Deschamps, plus tard, m'a demandé si je n'avais pas voulu repartir au sol, plein axe, comme je le faisais à Tottenham. Sous l'ère Pochettino, j'étais effectivement le premier relanceur : quand le ballon me revenait, les deux défenseurs centraux descendaient sur la même ligne que moi, et les deux latéraux s'écartaient. À chaque passe en retrait, j'étais conditionné, je savais que je pouvais jouer sous pression, que les solutions seraient là. En sélection, quand le ballon vient, il y a peut-être un joueur qui se place comme dans ton club, mais pas l'autre, et tu te retrouves sans la solution, mais sous pression, parce que tu as arrêté le ballon et que l'adversaire fonce sur toi.

On a tous besoin des critiques. Elles piquent, nourrissent la soif de performance et l'envie de faire ses preuves. À chaud, bien sûr, ce n'est pas ce que je pense. Je pense plutôt : « Qu'ils aillent tous se faire voir. Vous verrez, au prochain match… » Pour la Suède, c'était mérité. Mais parfois on m'a reproché des trucs ridicules, qui trahissaient l'incompréhension du poste par la plupart de ceux qui le jugent. Parfois, les éloges sont aussi injustifiés que les critiques. Et il y a ce débat sur le jeu au pied du gardien, alors que l'essence du poste doit rester d'arrêter les ballons. On s'est perdus un peu. En interview, le défenseur italien Chiellini a reproché à Pep Guardiola d'avoir transformé les défenseurs en relanceurs. Pour les gardiens, c'est un peu la même chose, mais je note que Guardiola a finalement remporté la Ligue des champions avec Manchester City, en 2023, en jouant avec quatre défenseurs centraux.

Il m'arrive de lire les journaux et de lire *L'Équipe*, mais je n'avais pas besoin, après la Suède, de lire quoi que ce soit pour savoir que j'étais coupable. Dans ces cas-là, je lève la main, je dis « C'est moi », j'assume. Après ce match, j'ai pris mes responsabilités jusqu'à la fin des qualifications. On m'a dit, parfois, que j'avais été désavantagé, médiatiquement, par l'absence d'un agent qui aurait poussé derrière moi, entretenu un réseau. Premièrement, les joueurs concernés ne sont ni au courant ni responsables de ça. Deuxièmement, cela aurait été une très mauvaise raison de prendre un agent.

En septembre, on a fait 0-0 contre le Luxembourg, et le gardien n'y était pour rien. Mais on a gagné en Bulgarie, en dégageant une force collective dans un stade brûlant, et on a fini par se qualifier pour la Coupe du monde 2018. Les jeunes, Kylian Mbappé, Ousmane Dembélé, Thomas Lemar, venaient d'arriver. Quand Kylian a débarqué, c'était un môme. Il avait douze ans de moins que moi. À la fin d'un entraînement avec opposition, je nous revois soupirer, Lolo Koscielny et moi : « C'est des avions. Ils vont beaucoup trop vite. » Et on était loin d'imaginer ce que Kylian allait devenir.

Il serait exagéré, voire mensonger, d'affirmer que tout a été limpide dans la préparation à la Coupe du monde 2018. Le coach a été remis en question, notamment par certains anciens champions du monde 1998. Tout le monde en a pris pour son grade, Olivier Giroud, Antoine Griezmann et moi. Le coach n'avait pas encore son équipe et, à Lyon, pendant la préparation, après France-États-Unis (1-1), on a eu une discussion avec lui, Blaise Matuidi et moi. On me pointait du doigt parce que j'avais pris un but sur un ballon qui s'était glissé entre moi et le premier poteau, mais on n'analysait pas que la frappe avait été déviée par Djibril Sidibé. Je sais me préparer à une phase finale, je me connais, et on me jugeait comme si la Coupe du monde avait déjà commencé. Moi, je savais que ce n'était pas encore le moment. Les mots du coach (« Hugo, tu as eu des périodes où tu étais un peu plus en réussite que ça ») m'ont un peu contrarié, et je lui ai répondu mon problème était collectif. J'ai expliqué que ce que je sentais de l'équipe ne me convenait pas : « Je sens de mauvaises ondes collectives. Je sens qu'on est fragiles, qu'on se fait transpercer au milieu, que le repli défensif ne se fait pas assez devant, ou pas assez bien, et qu'on est très jeunes. Pour mon cas personnel, ne vous inquiétez pas, je sais où je vais, mais si on continue comme ça, on va se faire défoncer au milieu. » Il a réagi selon sa manière habituelle : il nous a écoutés, mais sans nous donner raison. C'est son fonctionnement : il recueille ton point de vue et tu sais plus tard s'il l'a pris en compte.

Pour le premier match de la compétition, face à l'Australie (2-1), il a encore décidé selon ses convictions. On a gagné en souffrant et, le lendemain, le débriefing a été une boucherie. Je ne l'ai jamais vu comme ça. L'extrait souvent diffusé de la réunion, où on le voit en colère, était sans doute le moment où il était le plus calme et le plus bienveillant. C'est l'unique moment de ma carrière en bleu où je l'ai vu revenir sur un match avec la vidéo, en s'appuyant sur les stats des courses à haute intensité, des distances parcourues : chaque fois, il pointait un joueur différent et lui criait ses reproches. Notre Coupe du monde 2018 est partie de là. Cela a été le déclic. Il était nécessaire de gagner ce premier match, mais cette remise en question a été primordiale. On avait tellement de joueurs de vitesse que le coach était tenté de les aligner, mais les sprinteurs ne sont pas doués pour l'endurance, ils doivent récupérer après leurs courses à haute intensité, alors avec trois titulaires de ce profil on aurait été en grande difficulté dans le repli défensif. Le coach a donc réajusté le milieu avant le deuxième match contre le Pérou (1-0), en plaçant Blaise Matuidi sur le côté gauche. On a encore été critiqués, mais on a su, au soir de ma centième sélection, qu'on allait pouvoir voyager. On se sentait forts comme ça : une équipe ultrasolide, qui court, s'adapte à l'adversaire, et une équipe tueuse à qui il ne faut pas laisser le moindre espace.

On était déjà qualifiés et je n'ai pas joué le troisième match contre le Danemark (0-0), dans lequel il ne s'est rien passé puisque le nul arrangeait tout le monde. Mais j'avais la paix. Avant l'Australie, je lisais que j'avais « beaucoup à prouver ». Un arrêt et quelques sorties aériennes plus tard, j'étais « serein, au rendez-vous ». Ils imaginaient quoi ?

Dans la forêt d'Istra, au nord de Moscou, on a senti grandir une force collective, et plus que cela. Il y avait une âme dans cette équipe, avec un mélange de générations accepté par les anciens et les joueurs confirmés. C'était la première fois qu'il y avait autant d'écart entre les jeunes et moi, et ce n'était que le début. À la force de l'Euro 2016, on ajoutait la fraîcheur et la folie des jeunes, à commencer par Kylian, qui allait changer beaucoup de choses.

À l'horizon des huitièmes de finale pointaient l'Argentine et Leo Messi. Dans la réunion des onze titulaires, le coach a détaillé son plan au tableau noir. Alors qu'il a expliqué nos rôles sans ballon, Antoine Griezmann l'a coupé : « On va limiter l'espace, on va descendre vers la surface, et moi je vais défendre sur le numéro 6. » Le coach l'a regardé avec des yeux ronds, vu le sacrifice que cela demandait à un attaquant. Antoine avait insisté : « Je le fais à l'Atlético, pas de problème, je m'en occupe. » Face à l'Argentine, on a joué comme ça : Olive gérait les deux centraux et Antoine descendait comme un milieu pour défendre sur Mascherano, ce qui permettait une prise à deux sur Leo, pour soutenir N'Golo Kanté, qui ne le lâchait pas. C'est ce qu'on allait garder jusqu'à bout. Même Paul Pogba allait se transformer. On nous a reproché de ne pas faire le jeu, mais on était une vraie équipe de compétiteurs. Pour nous battre, il fallait se lever tôt. Et cela n'aurait même pas suffi.

France-Argentine (4-3) a été un match exceptionnel. Après avoir mené 1-0, on a vacillé en début de seconde période, un peu sonnés quand les Argentins ont mené 2-1, mais le but de Benjamin Pavard a tout changé. Au départ, depuis ma moitié de terrain, je me suis presque dit : « Mais pourquoi tu frappes ? » Mais vu de derrière, la trajectoire était plus incroyable encore. Après, la foudre leur est tombée sur la tête : on a marqué deux autres buts en quatre minutes. Le but d'Agüero pour revenir à 4-3 dans le temps additionnel est venu de la seule action où on a laissé le temps à Leo Messi de lever la tête. Les Argentins ont encore eu une occasion, après, mais quand tu deviens champion du monde, tu oublies les centimètres qui auraient pu tout faire basculer de l'autre côté.

Ce jour-là, on a tous pensé que Lionel Messi ne gagnerait jamais la Coupe du monde. Il avait perdu la finale précédente, il perdait ce huitième et sur le terrain, à la fin, je le voyais sonné. Sur son visage, on pouvait lire la douleur. À cet instant, je ne suis pas sûr qu'il croyait encore en ses chances de devenir champion du monde un jour. C'est pour ces moments-là que je suis opposé à l'idée de disputer une Coupe du monde tous les deux ans. C'est l'intervalle de quatre ans, la longue attente, qui la rend unique, magique. Il ne faut pas la banaliser. Il faut qu'à

30 ans un joueur ne puisse pas savoir s'il pourra en jouer une autre, ni en gagner une un jour.

On a eu six jours pour préparer le quart de finale contre l'Uruguay, ce qui nous a permis de passer beaucoup de temps ensemble. On avait besoin de décompresser. Voire de dégoupiller, par exemple un extincteur, comme l'a fait Adil Rami, au cœur d'une nuit passée à la postérité.

Tous les matins, en arrivant à la gym, je croisais Adil : « Hugo, je n'en peux plus, il me faut un jour off… Tu ne peux pas aller voir le coach pour qu'on ait un jour off ? Cela nous permettrait de visiter. » Je comprends qu'il ait eu envie de visiter : s'il avait fait le mur à Istra, il aurait eu beaucoup de chances de tomber sur un ours. Comme on était en Coupe du monde, la période était peu propice au concept du jour off, mais après discussion entre les cadres et le coach, un dîner, oui, c'était possible. On a privatisé un resto sur une péniche, regardé la carte des vins (une certaine idée de la France, loin du pays), et on est rentrés à l'heure. Mais le retour à l'hôtel aura été festif, bruyant, jusqu'au moment où les jeunes ont tenté d'entrer dans la chambre d'Adil pour retourner son lit. C'est comme ça qu'Adil a pris l'extincteur et envahi le couloir de neige carbonique et de fumée. On se demandait comment étouffer l'affaire, sans s'étouffer nous-mêmes, quand l'alarme s'est déclenchée. Il a fallu évacuer, en pleine nuit. Dehors, sous les étoiles, on est restés solidaires de la connerie. On sentait que le coach était fâché, mais à un moment, quand il s'est retranché au téléphone, je l'ai soupçonné de ne parler à personne, de faire semblant. Il devait sentir aussi qu'il se passait quelque chose dans le groupe et qu'il ne fallait pas perdre ce moment, qui participait aussi à nous unir. À deux heures du matin, dehors dans la forêt moscovite, j'étais déjà en train de préparer nos arguments, en prévision du savon qu'on allait prendre, mais quand l'alarme s'est éteinte, on est tous allés se recoucher, et le coach n'a rien dit. Au déjeuner, le lendemain, Adil s'est levé, s'est excusé devant tout le monde, et c'était fini. Quelques mois plus tard, Adil nous offrirait un extincteur, avec gravés notre nom et le numéro de maillot qu'on portait à la Coupe du monde. C'était classe, vraiment. Et cela aura été un moment important de l'aventure.

Le quart de finale contre l'Uruguay est arrivé, mais sans Cavani, ce qui était plutôt une bonne chose pour nous. À Nijni Novgorod, chaque équipe a eu sa chance. On a ouvert le score sur un coup franc d'Antoine et une tête de Raphaël Varane, et j'ai eu ce fameux arrêt à faire juste avant la pause. La deuxième mi-temps a été plus compliquée, mais on a marqué sur une frappe lointaine (Antoine, encore), grâce une erreur du gardien uruguayen, Fernando Muslera. J'apprendrais qu'il avait perdu deux proches quelques jours plus tôt. On ne se connaît pas, mais on a une relation historique : on a commencé l'un contre l'autre à la Coupe du monde 2010, et j'ai toujours apprécié ce gardien. Son erreur nous a permis de nous sortir du piège et de filer en demi-finales.

Donc, cet arrêt. Je l'ai beaucoup en photos. On me les souvent offertes encadrées, prises à l'instant où je suis à l'horizontale, un mètre audessus du sol. Mais pour moi, ce qui est fort, c'est ce qu'on ne voit pas : les trois pas de réajustement à grande vitesse pour me rapprocher de ma ligne et, sur la tête de Cáceres, ce petit pas qui me permet de plonger assez loin pour sortir le ballon d'une main ferme. Je ne pouvais pas écarter ce ballon sur le côté, du fait du risque que le poteau le renvoie sur moi ou dans le but, alors je l'ai repoussé un peu vers l'avant. Mais j'ai su faire le second mouvement (cela a toujours été ma qualité, être réactif et me relever très vite), si bien qu'après l'arrêt je savais déjà qu'il fallait que je sois immédiatement sur mes appuis pour bondir devant Godín, lui boucher le but et le pousser à mettre le ballon au-dessus. En matière d'arrêts, il faut toujours voir plus loin que la photo, même quand elle est belle. Tout le monde voit la beauté du revers de Federer, mais presque personne ne comprend que pour que son revers soit aussi beau, il a fallu qu'il se déplace plus vite que les autres. Sur une sortie aérienne, il faut décortiquer le mouvement du début à la fin : si un gardien fait deux petits pas d'ajustement, l'arrêt sera facile, alors que, s'il ne les fait pas, il devra faire un arrêt spectaculaire, qui sûrement retiendra davantage l'attention. Quand un gardien sait faire un pas de plus pour ne pas avoir besoin de plonger, cela fait une vraie différence, mais presque personne ne la voit.

On m'a souvent demandé le top 5 de mes plus grands arrêts, comme on demande son top 5 à un buteur. Celui-ci en fait partie, assurément. À cause de l'importance du match, entre autres choses. Parfois, on fait le réajustement qu'il faut, dans nos appuis, mais on n'a pas le bon timing pour plonger, on arrive dans la zone du ballon et on ne peut que le regarder passer. Là, quand on décompose toute l'action, on se rend compte que le timing est parfait, jusqu'à la fin.

Pour ce top 5, il me reste quatre arrêts à élire, donc. Je vais m'y résoudre en diversifiant les maillots, puisque je les ai tous aimés. Avec Tottenham, le plus spectaculaire est venu à Leverkusen, lors des phases de groupes de la Ligue des champions 2016-2017, face à Chicharito : sur un centre en retrait, alors que les cages lui étaient ouvertes, il ne m'avait laissé qu'une infime chance de l'empêcher de marquer. J'étais parvenu à avoir la main ferme, puis à garder le ballon dans cette seule main tout en faisant une roulade sur la ligne, avant de me relever comme si de rien n'était, pendant que tout le stade et les joueurs de Leverkusen réclamaient le but. Moi, je savais que le ballon n'avait pas franchi la ligne, je m'étais bien repéré dans l'espace. La Goal Line Technology l'avait confirmé. C'était la roulade avec le ballon dans une seule main qui avait marqué.

Avec l'OL, je mettrais l'arrêt sur la tête de Wendel, en fin de match, en quart de finale retour de la Ligue des champions, en 2010. Il y en a eu d'autres, mais celui-ci était symbolique, à ce moment du match, face à la pression d'un but qui nous aurait éliminés, dans une ambiance brûlante, alors que le club ne s'était jamais qualifié pour les demi-finales de la Ligue des champions. Le ballon n'était pas arrivé si loin de moi, cela m'avait laissé le temps d'intervenir, mais il fallait garder la main ferme et mettre le repousser sur le côté.

En fait, dans mon top 5, je n'ai pas envie d'un arrêt spectaculaire sans contexte. Il y avait du contexte, autour de l'arrêt que j'ai choisi sous le maillot de l'OGC Nice. C'était après ma blessure au genou gauche, en 2007-2008, qui m'avait embêté deux fois et poussé le président Maurice Cohen à me prêter sa Smart, parce que je n'avais pas de voiture automatique, à l'époque. J'étais revenu trop tôt, j'avais rechuté, j'avais rejoué avec la réserve en CFA pour me remettre dans le bain, et j'avais repris face au PSG, en direct sur Canal+. Sur un coup franc de Rothen, Ngog fait une tête, le ballon monte, file vers le but et, pour le sortir, c'est de la détente pure. Au commentaire, avec Grégoire Margotton, c'était le coach, Didier Deschamps, qui avait analysé l'action : « C'est fabuleux ! Lloris qui s'envole dans les airs ! Ce n'est pas évident, il pousse bien ; c'est là qu'on voit qu'il a une belle détente. La balle est très loin de lui et il arrive à la sortir d'une main ferme… » Il était déjà précis et synthétique, le coach. J'avais 19 ans, je revenais d'une blessure : c'est le contexte même de cet arrêt qui fait que je m'en souviens à ce point.

Avec les Bleus, je peux en choisir un autre, en mars 2021, contre la Bosnie, en qualification de Coupe de monde sur une tête avec rebond, juste devant moi : j'étais parvenu à faire remonter le ballon au-dessus du cadre. Ce n'était pas un arrêt simple, mais j'aime qu'il y ait une histoire derrière. Et l'histoire était bien plus forte contre l'Uruguay, en Russie. Tout était réuni, et on restait ensemble.

En demi-finale, on devinait que la Belgique serait l'adversaire le plus fort que l'on aurait à rencontrer. Les Belges venaient de sortir le Brésil, ils jouaient ensemble depuis longtemps, avec leur 3-4-3 pénible, Eden Hazard au sommet de son art et des joueurs physiques (Lukaku, Fellaini). Ils étaient capables de nous mettre en danger dans les airs, dans les espaces, à un contre un, partout. Ils n'avaient pas de défauts, à part le couloir droit, peut-être.

On a beaucoup évoqué les coups de pied arrêtés et les corners avant le match, et c'est là où on les a pris. Sur un corner d'Antoine et une tête de Samuel Umtiti. Pour ma part, j'ai eu une sortie à faire sur une tête de Fellaini qui m'a mis dans le match, et il y a eu d'autres arrêts importants. Mais ce qui a compté, aussi, c'est d'être resté calme et de l'avoir montré aux autres.

Je connais le débat belge sur notre victoire (1-0). Mais quand on revoit le match, on constate qu'on a eu de nombreuses occasions de 2-0 et que Thibaut Courtois a effectué deux ou trois arrêts, dont un sur Tolisso. Ce qui est vrai, c'est qu'on n'a jamais cherché à être beaux, si près du but. On voulait être forts, impossibles à jouer, impossibles à bouger, et rester en Russie jusqu'au bout. C'était le mot d'ordre de Paul Pogba : « Je veux continuer à manger des pâtes, je n'ai pas envie de rentrer chez moi ! » Cette qualification pour la finale de la Coupe du monde a été un bonheur collectif magnifique. Il s'est prolongé à notre retour à Istra, chez nous, dans la forêt. Quand on se sent bien dans un groupe, on s'attache aux lieux, on aime revenir vers son camp de base en sachant que l'aventure continue. On a étiré le temps en restant longtemps ensemble, parfois autour de feux de camp, à discuter de tout et de rien, pas forcément de foot et de la Coupe du monde.

On était en finale de la Coupe du monde. Tout le monde est venu, ma grand-mère, mon père, Gautier, ma sœur, Marine, les filles, des amis. Mais notre préparation a été complètement différente de la finale de l'Euro 2016. Deux ans plus tôt, elle a été émotionnelle. Le coach a projeté un film sur les familles qui nous a touchés. Cette fois, on était froids et durs. Dans nos attitudes, il y avait un côté « elle est à nous, on va la gagner ».

La veille de la finale, en partant à Moscou, Guy Stéphan m'a arrêté au moment où je montais dans le car.

« Hugo, ça va ?

— Oui...

— T'as fait de la muscu, un peu ?

— Quoi ?

— Oui, pour t'entraîner... »

Et, en riant, il a mimé le mouvement d'un joueur qui soulève un trophée, plusieurs fois.

Mais même si on sentait cette force, on ne pouvait pas oublier ce qui était arrivé deux ans plus tôt face au Portugal. La Croatie était vraiment une très belle équipe, avec de grands joueurs. On a abordé cette finale en oubliant qu'on était favoris, en oubliant le milliard de téléspectateurs. D'ailleurs, quand je suis parti m'échauffer, j'ai seulement cherché deux spectatrices, mes deux filles, que je n'avais pas vues depuis quarante jours. Même en m'échauffant, je les regardais. Elles me faisaient coucou en retour. On aura préparé cette finale comme il le fallait, avec la particularité d'un échauffement à terminer à l'intérieur, à cause de la cérémonie d'ouverture. Dans l'équipe, tout le monde a parlé. J'ai parlé, Raph a parlé, le coach a parlé, bien sûr, et autour de la table Paul a fait une longue causerie, parce qu'il en avait besoin. Les phrases que l'on dit, dans ces moments-là, sont rarement nouvelles. On revient aux bases, toujours. Malgré tout, on est passé complètement à côté de la première période : on s'est fait bouger, secouer, et on menait 2-1 sans avoir cadré un tir dans le jeu. Après le but contre son camp de Mandžukić, les Croates étaient revenus dans le match sur une frappe de Perišić déviée par Raph. Mais, à la suite de ma longue relance rapide au pied vers Kylian, il avait obtenu un corner qui avait débouché sur le penalty d'Antoine. À la mi-temps, on a eu presque la sensation de se retrouver après notre premier match contre l'Australie : on menait, mais le coach nous avait fracassés, parce qu'on s'était fait manger. En seconde période, on a joué sur des éclairs, mais les Croates a le ballon, et j'ai fait un arrêt à 2-1 devant Rebić, avant que l'on pique et que l'on se détache, cruellement, définitivement, avec des buts de Paul et de Kylian, pour mener 4-1 et sentir, pour la première fois, la Coupe du monde entre nos mains.

Tout le stade sentait que c'était fini, alors qu'il restait une demi-heure. C'était étrange. Mais ce n'était pas une raison, non, pour que le relâchement dans l'air, qui était palpable, débouche sur mon erreur, qui a permis à la Croatie de revenir à 4-2. Après une touche pour nous, seul Sam m'a donné une solution à gauche. J'ai contrôlé le ballon pour attendre le mouvement des autres et, plutôt que de jouer à une touche par-dessus l'attaquant, ou vers Raph qui avait un adversaire trop proche de lui, à 25 mètres de moi, j'ai cherché à faire un crochet, ce qui n'était pas la bonne solution. Dans un contexte différent, j'aurais joué à une touche, mais à 4-1, j'ai sans doute cédé, moi aussi. Cela reste un détail. Je préfère toujours que mes arrêts aient des conséquences et que mes erreurs n'en aient pas. Et cette erreur n'a eu aucune conséquence. Juste avant le coup de sifflet final, je suis allé chercher un nouveau ballon aérien au troisième poteau. En me relevant, je savais qu'on était champions du monde.

Comment décrire la suite, le bonheur, l'euphorie, les cris, les courses dans tous les sens ? On est redevenus, ce dimanche-là, des enfants criant de joie dans la cour de récréation. Elle était plus grande, c'est tout, et le bonheur serait éternel. Je revois les gardiens courir vers moi, Steve Mandanda et Alphonse Areola, avec Franck Raviot. Un peu comme dans les films, les images défilaient à toute allure dans ma tête, je repensais à mon parcours et tout revenait, les douleurs, le chemin, les sacrifices, la fierté, la reconnaissance, comme s'il fallait arriver au bout pour regarder derrière, depuis le début de l'histoire.

Je revois le coach me retenir, juste avant de monter sur le podium recevoir la Coupe du monde, et me glisser : « Hugo, savoure ce moment. Prends le temps de le soulever, ce trophée… » Au début, je ne comprenais pas trop ce qu'il voulait dire, mais j'ai compris après. Il fallait faire durer le moment, parce qu'il allait passer en un éclair et qu'il n'y aurait rien de plus beau. Quand j'ai soulevé la Coupe du monde, j'ai senti le poids de l'histoire, de ce que cela représentait, et de la lignée que l'on rejoignait, tous ensemble. À Istra, sur les murs de l'hôtel, il y avait des photos des capitaines brandissant la Coupe du monde, Maradona en 1986, Matthäus en 1990, le coach en 1998, Cannavaro en 2006, Casillas en 2010, Lahm en 2014. Alors, en touchant le trophée en premier, en le soulevant, j'ai ressenti l'immensité du privilège.

L'instant d'après, l'orage est venu, et il y a eu ce moment, sous la pluie et les confettis qui continuaient de voler dans le ciel de Moscou, où je suis allé chercher mes filles, pour tenir trois choses précieuses dans les bras : Anna-Rose, Giuliana et la Coupe du monde. J'ai cette photo, qui m'est incroyablement chère, et j'en ai une autre, presque la même, avec Kylian en fond, et c'est une photo que mes filles aiment beaucoup.

Tout ce bonheur concentré en minutes magiques, avant le moment le plus cruel de la soirée : le contrôle antidopage. Il nous a maintenus à l'écart du bonheur, Ngolo Kanté et moi, pendant près d'une heure. Tu es loin de tout, avec ta médaille autour du cou, tu n'as même pas une bière pour t'aider, et tu es champion du monde dans le silence. Aujourd'hui encore, je suis toujours en colère contre la FIFA. On m'a volé l'heure la plus importante de cette Coupe du monde. Quand on a fini par rejoindre le vestiaire, les émotions étaient toujours là, mais il me manquera toujours d'avoir vécu les émotions les plus euphoriques, les plus primaires. Avoir raté ce moment qui ne reviendra pas restera toujours une blessure. Cette heure qu'on m'a dérobée, je ne la retrouverai pas. Personne, par bonheur, ne nous volera la nuit qui a suivi, ni celle d'après, ni quelques autres, ni cette certitude, comme nous le dirait le coach, qu'on était champions du monde pour toujours, et liés à jamais.

XVIII

Une leçon

Je ne peux pas limiter ce livre aux moments de fierté, par-delà les matches que l'on gagne et ceux que l'on perd. Par honnêteté, et parce que j'en ai tiré une leçon qui pourra servir à d'autres, je dois revenir sur un épisode qui a peu fait pour ma gloire, et qui m'a valu d'être attendu, au petit matin, devant mon domicile par des paparazzis qui avaient appris mon arrestation par la police, dans les rues de Londres, dans la nuit du 23 au 24 août 2018.

On avait décidé, avec Laurent Koscielny et Olivier Giroud, de passer une bonne soirée dans un restaurant du centre de Londres, comme on le faisait parfois. On avait nos petites habitudes, quand ils étaient à Arsenal, et on passait beaucoup de temps ensemble en famille aussi. L'idée était également de remonter le moral de Lolo, écarté sur blessure de la Coupe du monde.

Il avait annoncé, en novembre 2017, qu'il prendrait sa retraite internationale à l'issue de la Coupe du monde 2018. Je me souviens avoir pensé que les choses avaient été compliquées pour tous ceux qui avaient annoncé ce genre de décision longtemps à l'avance, peut-être parce que cette annonce créait une forme de pression. C'est pour cette raison, aussi, que je me suis protégé avant la Coupe du monde 2022, que j'ai repoussé à la fin de la compétition la décision de ma retraite, et que j'ai refusé de parler du record de sélections. Lolo a très mal vécu l'enchaînement doublement douloureux de sa rupture du tendon d'Achille, en mai, et d'une victoire en Coupe du monde sans lui. Je le comprends, et je trouve que l'aveu de son chagrin était d'une rare honnêteté, quand il aurait été si facile de se dire heureux pour les autres et un peu champion du monde quand même. Quand il s'agit du but d'une vie, les sentiments sont forcément un peu plus complexes. Je pense que les six joueurs écartés au dernier moment de la Coupe du monde 1998 (Anelka, Letizi, Ba, Djetou, Laigle et Lamouchi) l'ont tous très mal vécu, à part Anelka, peut-être, parce qu'il était très jeune. Il est le seul, du reste, à avoir disputé une autre Coupe du monde, en 2010, même s'il a regretté, peut-être. Les autres ne s'en sont jamais remis. Être champion du monde, cela change une vie, et je n'en ai jamais voulu à Lolo d'avouer qu'il aurait préféré que la Coupe du monde, sans lui, ne soit pas aussi belle. Personne ne pouvait se mettre à sa place, et il était facile de comprendre que plus on avançait dans la compétition, plus ce qu'il manquait devenait immense. Le soir de la finale, Lolo était passé me voir au contrôle antidopage, à Moscou, où il avait été invité par la FFF, et il avait essayé d'être heureux pour nous, mais il avait admis un peu plus tard, avec une sincérité remarquable, à quel point, match après match, il en était devenu un peu plus inconsolable.

Après une interview avec *L'Équipe* le vendredi après-midi à Hampstead, j'ai commandé un taxi pour passer prendre Lolo chez lui, d'abord, puis rejoindre le centre de Londres où on retrouverait Olive. Mais, la commande ayant été annulée par le chauffeur au dernier moment, j'ai finalement pris ma voiture. La soirée se passe dans un restaurant français, et elle est un peu festive. Déjà, on ne va pas prendre une seule bouteille de vin à trois, ça ne se fait pas. Mais comme tu es champion du monde, quand tu arrives au dessert, les clients du restaurant t'offrent des shots de tequila. Au début, tu es poli, et après, ça n'en finit plus. On a dû décider de quitter les lieux vers une heure du matin. Je ne voulais pas rentrer trop tard, même si l'entraînement du lendemain, deux jours avant le match à Manchester United, était à la carte (échauffement, toro et retour au vestiaire). On avait prévu un dîner, un ou deux verres de vin, et au lit, pas tous ces alcools forts. Quand j'ai repris (très mauvaise idée) le volant de ma voiture en sortant du restaurant, dans le quartier de Mayfair, avec Lolo, on était un peu fatigués, soyons honnêtes. Plus tard, dans un « Oui/Non » pour Téléfoot, à la question « Est-ce que votre contrôle aurait été positif si vous aviez été arrêté à la place de Hugo ? », Olive a répondu « Oui ».

J'ai entendu la sirène de la police dès le premier carrefour. J'ai arrêté la voiture, le policier m'a demandé d'ouvrir la fenêtre et m'a annoncé qu'il m'arrêtait : « Vous roulez un peu trop doucement, et vous venez de passer à l'orange. » Je lui ai dit que j'étais désolé, et quand il m'a annoncé un contrôle d'alcoolémie, j'ai pensé que la sincérité m'aiderait : « Je préfère être honnête, j'ai bu quelques verres. » Mais il a réagi très abruptement, m'a demandé de sortir de la voiture, m'a passé les menottes et m'a plaqué contre la voiture. Il a aussi immédiatement demandé à Lolo de sortir du véhicule et de rentrer chez lui, ce qui l'a un peu pris de court, vu son état de fatigue. Le policier a alors garé ma voiture.

Sous l'effet du stress, je me suis allégé d'un gros poids sur l'estomac, avant que l'un des deux policiers me fasse monter dans sa voiture pour m'emmener au poste. J'ai accompli le circuit des formalités en arrivant, les photos, les empreintes, le dossier, et au moment où on m'a conduit dans la cellule où j'allais passer la nuit, j'ai eu la présence d'esprit de penser à l'entraînement le lendemain, et de prévenir le coach en utilisant le message que l'on m'autorisait.

J'ai passé la nuit dans la cellule, tout seul. Sur un banc très raide, j'ai dormi un peu, la soirée m'y ayant préparé, sans doute. Le matin, on m'a libéré, on m'a appelé un taxi et j'ai récupéré mon téléphone. Marine était déjà au courant, la femme de Lolo l'avait prévenue vers trois heures du matin, et je l'ai d'abord rassurrée : « *Je me suis fait arrêter, j'avais un peu bu, je suis positif, mais tout va bien, il n'y a pas eu d'accident.* » Elle m'a annoncé que des paparazzi m'attendaient devant la maison. C'est la femme de ménage qui l'avait alertée, parce qu'ils avaient sonné à la porte et s'étaient présentés. Quand je suis arrivé en taxi, j'ai vu les gars du *Sun*, et j'ai demandé au taxi d'aller tout droit. Je suis descendu un peu plus loin, j'ai ouvert le portail à distance pour rentrer plus vite, j'ai refusé de répondre aux questions et quand ils ont essayé de me suivre je leur ai rappelé qu'ils n'avaient pas le droit d'entrer chez moi. Ils allaient rester trois jours. Ils étaient toujours là, le dimanche matin, quand je suis parti à l'entraînement. Là-bas, je me suis excusé devant le groupe, et je me suis dirigé vers des heures et des jours agités. À l'extérieur, il y a eu un grand débat dans la presse anglaise : est-ce que Lloris peut rester capitaine ? À l'intérieur, le coach m'a demandé des explications et je lui ai raconté l'enchaînement des événements. Il voulait savoir, aussi, comment je me sentais avant le match du lendemain soir à Old Trafford contre Manchester United, et je lui ai assuré qu'il n'y avait aucun problème, qu'il pouvait compter sur moi. Le club a souhaité que je fasse passer un message sur les réseaux, et je me suis de nouveau excusé. Une partie de moi ne voulait pas s'excuser publiquement d'une affaire privée, mais l'autre partie de moi m'a rappelé que l'alcool au volant était un problème important, en Angleterre notamment, que j'étais capitaine de Tottenham et que je devais m'excuser par principe, déjà, parce que je vivais en Angleterre et que l'exemplarité ne pouvait pas se limiter aux moments où la vie est facile. J'ai fini par m'excuser par conviction, parce que je devais assumer cette erreur, parce qu'il pouvait être important qu'elle serve de leçon au plus grand nombre, et parce qu'en manquant une séance d'entraînement à deux jours d'un match, je ne pouvais pas complètement séparer ma vie de footballeur et ma vie privée.

Je ne regrette pas cette soirée, mais je regrette infiniment, bien sûr, d'être rentré en voiture. Cela aura été un enchaînement de circonstances, parce que je ne suis pas un fêtard, et que je sors comme ça peut-être une fois par trimestre. Mais je me suis parfois demandé pourquoi on m'avait arrêté, alors que je roulais doucement, mais pas mal, de même que je me suis interrogé sur la responsabilité de l'établissement de me laisser partir, et sur les autres fois où cela aurait pu m'arriver.

Il y a eu un avant et un après. Cela ne m'est plus jamais arrivé. J'ai téléchargé toutes les applis de taxis et de chauffeurs et j'ai cessé de prendre la voiture pour aller dans Londres. Cet épisode n'a pas été léger. Il a été violent pour moi et pour la famille. Quand Marine et les enfants sont revenus de Nice, on est allés se promener à Hampstead, et les paparazzi nous suivaient encore. Créer cette situation, alors que je passe ma vie à chercher à les protéger, m'a été insupportable. Je m'en suis énormément voulu de les exposer.

Le lundi soir, j'ai fait un match énorme à Old Trafford. Mauricio avait caché ma titularisation jusqu'au dernier moment. Le club voulait me punir, mais il a refusé. Quand ils ont appris le montant de mon amende (environ 56 000 euros), ils ont dû trouver que c'était suffisant, mais un des partenaires du club, quand même, a choisi de me retirer de ses affiches. Je me suis blessé peu après et, à mon retour, j'ai senti, les premiers mois, que la presse, même sportive, me regardait autrement et restait dans le jugement. Cela n'a pas été le cas en France, où cette histoire aura semblé humaine, où elle m'aura rapproché des gens, mais c'est en Angleterre que je vivais. Un champion du monde qui passe la nuit en cellule, c'était une belle histoire pour la presse populaire, qui a publié mon adresse et la valeur de la maison, alors que j'étais locataire. C'était notre cocon familial et on s'est demandé s'il fallait ou non déménager. Finalement, on l'a quittée, mais pas à cause de ça, mais plutôt de gros travaux chez le voisin, qui n'a jamais pu les terminer : c'était un Russe qui avait eu tous ses biens saisis.

J'ai vécu l'embarras d'un procès public. Quand je suis arrivé au tribunal, près de Marylebone, une trentaine de journalistes m'attendaient, me bousculant en sortant de la voiture, me posant des questions auxquelles je ne risquais pas de répondre. Après le verdict, qui était un soulagement (vingt mois de suspension de permis et une amende), je me suis de nouveau retrouvé au milieu de la foule et des bousculades, et oui, franchement, je me suis dit que je ferais en sorte que ça ne m'arrive plus. Ce n'était pas très agréable, mais c'était une expérience que je devais assumer, puisque j'en étais le seul responsable.

Paradoxalement, il n'y a pas eu que du négatif dans cet épisode difficile. Ma peine a finalement été ramenée à quinze mois de suspension de permis de conduire, après un stage de récupération de points. Sans voiture pendant quinze mois, j'ai pris tous les jours un Uber ou un GetTaxi pour aller chez Coco Lamela, à cinq minutes de chez moi. Un maté et on partait ensemble à l'entraînement. Il est devenu un ami, et je retrouvais le rituel connu avec Licha à Lyon : maté et voiture commune pour l'entraînement. À l'époque, j'habitais à quarante-minutes minutes d'Enfield, où Tottenham est installé.

J'ai gagné cinq mois en faisant un stage, et il était là, l'aspect positif. Un peu dans les cinq mois, beaucoup dans le stage : on se retrouvait à une douzaine, sur trois lundis d'affilée, au mois d'août 2019, dans le quartier d'Islington. Chacun racontait son histoire, avant de se remettre à jour sur le code de la route et les règles. Le premier lundi, les autres stagiaires m'ont reconnu, mais en restant à leur place, selon la distance anglaise. Dès le lundi suivant, en arrivant, ils me parlaient tous des résultats du week-end. Il n'y avait presque que des étrangers, comme moi. Il y avait un Colombien installé à Londres en train de monter sa structure dans l'import-export de café. Toutes les histoires étaient différentes, et racontaient parfois une malchance et des destins un peu cabossés. Ils avaient essayé d'aider les autres et cela se retournait contre eux, comme celui qui avait pris le volant pour garer la voiture parce que son copain n'était pas en état.

J'ai aimé ces rendez-vous. Je me suis retrouvé au milieu des histoires des autres, et c'était souvent touchant. Je pense que l'instructeur a dû être harcelé par les journaux, mais il a été très intègre, il n'a parlé à personne. À la deuxième séance, il a quand même prévenu, en faisant comme s'il ne parlait pas de moi : « On peut parfois avoir des célébrités au milieu de nous, mais ce qui se passe ici reste ici. » C'était un personnage, et je me suis dit qu'il voyait passer des moments de vie incroyables. J'ai aimé ce contact humain, et je ne pensais pas aimer quelque chose de cette mésaventure.

XIX

The Special One

Au moins, quand Mauricio Pochettino a été écarté de Tottenham, à l'automne 2019, le club ne l'a pas remplacé par n'importe qui. Une fois digérée cette déception, j'ai apprécié d'être au contact de José. Il a un côté humain, très proche des joueurs. C'est le seul entraîneur que j'ai vu entrer dans le vestiaire des joueurs à l'entraînement et s'asseoir pour discuter. Même quand j'étais encore blessé au coude, il est venu parler avec moi une fois par semaine. Il avait toujours des histoires de foot à raconter, c'est un passionné absolu et une bible incroyable. C'est quelqu'un, surtout, que tu as envie de suivre, parce que tu te dis qu'il va te faire gagner. La manière dont l'équipe joue n'est pas essentielle, pour lui, mais il transmet quelque chose.

Ce qui pouvait rester surprenant, en revanche, était le choix du club d'un style de jeu complètement opposé à tout ce qu'on avait pu construire pendant cinq ans, un nouveau style basé sur la contre-attaque, alors qu'avec Mauricio on avait 60 % de possession. On pouvait s'interroger sur la logique, même si la justification était simple : José est un entraîneur qui rapporte des trophées.

Avec mon coude blessé, j'ai attendu janvier 2020 pour jouer pour lui, contre Norwich, un mercredi soir. J'ai arrêté un penalty contre Manchester City, encore, mais ensuite, après trois victoires d'affilée en Premier League, on a été surclassés par le RB Leipzig (0-1, 3-0) en Ligue des champions. On avait trop de blessés, dont Kane et Son, et Leipzig allait trop vite. Avant le match retour, le 10 mars, cela commençait à sentir mauvais : le Covid était à nos portes, le drame était déjà là en Italie et on sentait tous que la vie telle qu'on la vivait était en sursis. Leipzig allait être notre dernier match avec du public, et notre dernier match avant longtemps.

Une semaine plus tard, le 17 mars, on a appris que l'Euro 2020 était reporté à 2021. Après trois mois de blessure, j'avais seulement eu le temps de rejouer deux mois avant le confinement. Et le monde s'est arrêté. On est restés à Londres, avec Marine et les enfants, d'autant que le club nous avait interdit de quitter le pays. Mais on savait que la Premier League ne pouvait pas rester à l'arrêt trop longtemps, et on a repris très vite, d'ailleurs, dès juin, juste après l'Allemagne. C'est une période où on s'est tous recentrés sur la vie de famille et nos proches, mais avec un peu d'angoisse, parce qu'avec Marine on était loin de Nice et des nôtres. On avait passé Noël à Londres avec ma grand-mère et mon père, et ma grand-mère serait malade tout le mois de janvier. On est persuadés, aujourd'hui, que c'était le Covid, déjà. En Angleterre, les restrictions ont été allégées un peu plus vite qu'en France : on a progressivement eu le droit d'aller marcher dehors, et c'était une période où il faisait très beau et très bon. Pendant une semaine, on n'a rien fait du tout, avec le club, mais ensuite José a mis en place des séances d'entraînements par zoom. Les *fitness coaches* sont passés par la maison de chaque joueur pour livrer du matériel. Tous les matins, à 10 heures, c'était sport en visio pour tous les joueurs chez eux, avec José et le staff qui étaient au club, eux. On faisait du cardio, de la gym, et le club avait même livré des GPS pour qu'on sorte courir tous les jours. C'était presque agréable, dans ce contexte, et quand on est sorti du confinement, j'étais affûté.

Se recentrer sur la famille, sur son couple, sur ses trois enfants a aussi eu du bon. On a passé des bons moments, ensemble, et je cuisinais.

Mais cela a été un vrai bonheur de rejouer, malgré les histoires de vaccins, les tests sans arrêt. Le jeu, même dans les stades vides, nous a fait du bien. Pour respecter les distances, on a quitté notre vestiaire habituel au stade de Tottenham, pour ceux construits pour les footballeurs américains NFL de l'autre côté, parce qu'ils sont immenses. On a senti que notre responsabilité de divertir était encore plus forte qu'à l'habitude. C'était au-delà d'un rôle, un devoir. On a ressenti fortement, aussi, l'idée de la communauté autour des clubs, avec la solidarité organisée par la fondation Spurs, qui aura été exceptionnelle dans le quartier autour du stade, notamment à l'égard des plus anciens et des plus précaires. On a fini cette saison étrange à la 6e place, le 26 juillet 2020, deux mois plus tard qu'à l'habitude, pour reprendre le 13 septembre, débarrassés d'Amazon, et avec Gareth Bale revenu pour un an. Il n'avait plus le même feu dans les jambes, mais quel toucher de balle, quel sens du but, quel sens du positionnement !

José Mourinho n'est pas allé au bout de la saison suivante. Une sale série de cinq défaites en six journées en janvier et février 2021, alors qu'on était leaders en décembre, ainsi que l'élimination insupportable à Zagreb (2-0, 3-0) en Ligue Europa, en mars, ont tendu l'atmosphère autour de José, qui serait licencié quatre jours avant la finale de la Coupe de la Ligue contre Manchester United (0-1), le 22 avril. On a concédé un match nul face à Everton (2-2), le samedi précédent, et le mardi, en arrivant au club, on a senti un truc bizarre. Même si j'avais récupéré mon permis, on faisait toujours la route ensemble, avec Coco Lamela, et parfois Giovani Lo Celso. Arrivant dans le couloir, au club, sur le chemin de la cantine pour le petit déjeuner, on a croisé José qui allait en direction du bureau du président. Peu après, j'ai été convoqués avec Harry Kane, Eric Dier et Pierre-Emile Højbjerg pour une réunion avec Daniel Levy, Ryan Mason et Steve Hitchen, le directeur sportif, dans un bureau de l'Academy. C'est là que le président nous a annoncé la décision du club de licencier José. C'est vrai, il y avait des tensions, et José était frustré par rapport aux résultats et aux attentes qu'il avait placées en certains joueurs, dans un effectif important, en taille et en egos, qui n'était si évident à gérer. Mais il était un peu surprenant d'avoir fait venir José pour gagner des trophées, et de l'écarter quatre jours avant la finale qui lui en laissait la possibilité, et qui devait l'opposer à Pep Guardiola, son rival préféré. J'avais exprimé une énorme colère publique, après notre élimination à Zagreb, déclarant que c'était une honte, mais j'ai quand même trouvé incroyable le timing de la mise à l'écart de José. Si je suis honnête, je dois reconnaître qu'il n'avait pas la totalité du groupe derrière lui, et qu'il y avait des conflits dans le vestiaire. Mais qu'un club auquel on a reproché aussi longtemps de ne pas gagner de trophée ait pris ce risque au moment même où il était en position de le faire, avec un entraîneur qui savait le faire, était très surprenant. Cela signifiait peut-être qu'il ne voulait pas se retrouver dans la position d'avoir gagné avec José, et de s'en sentir prisonnier, alors qu'il voulait s'en séparer.

Ce qui est vrai, aussi, est qu'il y aura eu un José sur la première saison, et un autre sur la seconde. Quand on a commencé à perdre, il est revenu à sa logique de conflit en tirant sur tout ce qui bouge. Mais il a beaucoup d'estime pour les joueurs qui travaillent, les grands professionnels. Il va plutôt taper sur ceux qui ne font pas tout, à ses yeux, et il est honnête, il dit ce qu'il pense.

Au moins, on lui a dit au revoir, tout de suite après l'entraînement d'abord, puis sur le parking, plus tard, où l'on s'est donné une longue accolade. Quatre jours plus tard, sans lui, avec Ryan Mason sur le banc, face à Manchester City, dans un Wembley limité à 7 500 spectateurs, on a perdu une finale, encore, sans marquer de but, encore, en cédant sur un corner en fin de match et un but de Laporte. J'ai quitté Wembley en taxi (j'habitais à un quart d'heure), et quand il m'a déposé, je suis parti marcher un peu au lieu de rentrer tout de suite. C'était mon sas pour laisser un peu de la défaite en dehors de la maison. Il resterait aussi du passage de José les scènes filmées dans la série d'Amazon. Je ne crois pas qu'il ait joué un rôle. Il ne regarde que du foot, ne déconnecte jamais. Parfois on ne l'entend pas et parfois on l'entend beaucoup. À l'entraînement, parce qu'il aimait bien les gardiens, une fidélité à son père, il s'approchait souvent de nos séances. Il m'a dit, un jour : « Tu fais partie de la dernière génération de gardiens techniques. » Cela m'avait marqué, parce que le poste est en train d'évoluer vers autre chose, vers des gardiens qui ne chercheront plus jamais à garder un ballon, plutôt à utiliser toute la surface de leur corps.

Au bout de cette saison pesante, je comptais sur l'Euro 2021 pour ramener de la joie, de la légèreté et des victoires à la surface, surtout une année de finale à Wembley, à un quart d'heure de la maison. Cela n'a pas été exactement le cas. C'est un calcul approximatif, mais presque simple. 145 sélections, une vingtaine de matches comme remplaçant, quatre jours de stage en moyenne par match international : j'ai dû passer 650 jours de ma vie avec l'équipe de France, près de deux années entières. Parfois, ces jours m'ont semblé très courts. D'autres fois, je les ai comptés. Cela m'est arrivé pendant l'Euro 2021, qui ne m'a pas laissé un souvenir inoubliable, même si j'aurais vraiment aimé qu'il dure un peu plus longtemps.

Je n'ai pas aimé notre élimination en huitième de finale contre la Suisse (3-3, 4 tirs au but à 5), alors que l'on menait 3-1 à dix minutes de la fin, et je n'ai pas apprécié le contexte de cette phase finale éclatée dans plusieurs pays, dans un décor post-Covid encore lourd, qui nous aura empêchés, par exemple, de voir notre famille pendant la compétition.

Hormis le cas très particulier de la Coupe du monde 2010 et de notre hôtel luxueux isolé du monde, à Knysna, j'ai toujours aimé la vie de l'équipe de France en compétition et n'en garde que de bons souvenirs. Mais quand on s'est retrouvés dans le centre-ville de Budapest sans pouvoir sortir, sans la perspective de la moindre balade en plein air, cela nous a pesés. Au fond, cet Euro aura commencé par une bonne surprise et se sera achevé par une très mauvaise.

La bonne surprise aura été le rappel de Karim Benzema par le coach, après cinq années et demie d'absence. J'ai toujours apprécié Karim, avec qui j'avais joué à Lyon, et j'ai été heureux de le retrouver et d'avoir confirmation du très grand professionnel qu'il était devenu, méticuleux jusqu'à la composition de son assiette au buffet. Ce qui m'agace, encore aujourd'hui, est d'avoir à rappeler des évidences : je n'avais pas été prévenu de son retour et je n'ai pas pensé une seconde que le coach aurait dû le faire. J'ai toujours su où était ma place : je ne suis que le capitaine des sélectionnés. Imaginer que j'ai pu avoir mon mot à dire pour le choix des hommes est un fantasme.

Cet Euro aurait dû mieux se terminer. Parce qu'on l'a plutôt bien commencé, avec notre victoire en Allemagne (1-0), à Munich, et que, malgré nos deux matches nuls à Budapest face à la Hongrie (1-1), dans une chaleur écrasante, puis face au Portugal (2-2), on a terminé à la première place de la poule. On a laissé de l'énergie en chemin, c'est vrai, ainsi que nos arrières gauches, puisque Lucas Hernandez et Lucas Digne se sont blessés tous les deux. Tout a compté, dans notre huitième de finale contre la Suisse, à Bucarest, mais tout était réuni, aussi, pour que l'on dépasse notre fatigue et ces absences, qui auront contraint le coach à modifier son organisation. On menait 3-1, voilà. À un moment critique de la rencontre qui aurait pu nous faire vaciller, j'avais arrêté un penalty de Rodríguez, et on menait 3-1 à dix minutes de la fin. Le choix du coach de passer à une défense à cinq, avec Adrien Rabiot dans le couloir gauche, allait faire parler, mais on menait 3-1 et on contrôlait le match. Tout était entre nos mains, et on l'a laissé filer. Quand on mène 3-1, le score doit rester à 3-1. On a été attiré par l'idée de continuer à jouer, mais ce n'était pas comme ça qu'on était devenus champions du monde trois ans plus tôt. Après France-Argentine, on avait fermé la boutique et on avait montré d'autres attitudes. On aurait dû gérer ça autrement, rester tous ensemble au même niveau d'intensité et d'effort, au lieu d'alterner les phases d'équilibre et de déséquilibre, et de ne pas être d'accord, peut-être, sur la manière de gérer ces dix dernières minutes. Mais toutes les images qui ont fait débat, ensuite, l'apparent refus de Kingsley Coman de sortir du terrain, la discussion entre le coach et Paul Pogba, qui semblait vouloir continuer à attaquer, ont été surinterprétées et analysées à la lumière de notre élimination : on s'est toujours engueulés sur le terrain, c'est toujours ce qui nous a fait avancer. Mais la Suisse est revenue au score, on est partis en prolongations, et les tirs au but sont arrivés. Je sais comment certains ont résumé cette séance : la France a été éliminée parce que Kylian Mbappé a manqué le sien, parce que Hugo Lloris n'en a pas arrêté un seul et parce que Didier Deschamps pense que c'est une loterie, alors que la Suisse en aurait eu une approche scientifique. On a été éliminés, d'abord, parce qu'on a commis collectivement l'erreur d'en arriver là. J'avais déjà été attaqué sur les penalties, avant la rencontre, mais j'avais sorti celui qu'il fallait, pendant le match, et c'était pour cela, aussi, qu'on avait mené 3-1. Sur l'ensemble de ma carrière, c'est vrai, je n'ai pas été en réussite dans ce domaine, même si j'en ai arrêté de très importants, notamment pendant la saison 2018-2019 avec Tottenham. Le matin de ce huitième de finale, j'avais demandé comme toujours la liste des penalties des tireurs suisses, pour m'imprégner de leurs tendances, de leurs habitudes. Le soir venu, j'ai sorti la tentative de Rodríguez pendant le temps réglementaire, mais quand est venue la séance des tirs au but, les Suisses ont tous tiré à l'opposé de leurs habitudes. Les séances de tirs au but, on aura malheureusement l'occasion d'y revenir, sont toujours la lutte entre les statistiques et le feeling, et ce ne sont pas toujours les statistiques qui gagnent. C'est la limite de célébrer une approche « scientifique », sans savoir ce que cela recouvre exactement : avec exactement la même approche que contre nous, les Suisses ont perdu leur séance de tirs au but suivante, en quart de finale contre l'Espagne (1-1, 1 tirs au but à 3). Scientifique, c'est quoi ? Savoir qu'untel a tiré trois de ses quatre derniers penalties du côté droit ? Tout le monde a ces données. Quand le coach a dit que c'était une « loterie », les esprits simples en ont conclu qu'il s'en remettait à la chance et qu'il ne préparait rien : c'est faux, il voulait seulement rappeler, à mon sens, que puisque toutes les équipes disposent des mêmes informations sur leurs adversaires, et puisqu'on ne peut pas savoir à l'avance quels tireurs changeront leurs habitudes, il fallait un peu de chance, aussi.

La déception était là, et les mois qui ont suivi avec les Spurs l'ont difficilement atténuée. Ligue des champions, Ligue Europe, désormais Ligue Europa Conférence : notre déclassement se confirmait, et notre irrégularité, avec José Mourinho, soulignait un problème plus vaste, un déséquilibre dans la construction de l'effectif.

Après notre 7e place en mai 2021, le club n'a pas forcément trouvé l'entraîneur qu'il désirait. Arrivé de Wolverhampton, Nuno Espírito Santo allait seulement rester jusqu'au 1er novembre 2021. Il avait été élu manager du mois en août après trois victoires, mais le club vacillait après la demande de Harry Kane de partir à Manchester City. Harry avait été injustement pris pour cible pour avoir séché la reprise, alors qu'il avait un accord avec Daniel Levy, et je comprenais sa volonté de joindre City et Guardiola alors que Tottenham semblait sur une pente descendante, et que la direction que voulait prendre le club n'était pas très claire.

En septembre, tout s'est déréglé. Nuno ne cherchait pas à partager la pression et le leadership, il voulait tout supporter seul et ne se rendait pas service. On n'avait du mal, nous, les leaders, à trouver notre place. Il n'y avait pas vraiment de relation. Il en a découlé pas mal d'incompréhensions. Je l'ai trouvé assez vite résigné et, dans la difficulté, il ne s'est pas rapproché de ses cadres. Nous aussi, les joueurs, avons besoin de faire confiance à un entraîneur. J'appartiens à un club, c'est entendu, et dois tout lui donner, mais j'ai besoin d'avoir envie de donner un peu plus à un entraîneur parce qu'il m'inspire, parce qu'il est un guide. Tout le monde peut entrer sur le terrain avec beaucoup d'envie, mais on a besoin d'idées, on a besoin de croire en notre entraîneur et qu'il nous montre qu'il croit en nous.

On n'a pas été surpris du départ de Nuno après la défaite contre Manchester United (0-3). Le lendemain de son limogeage, alors que des rumeurs circulaient mais que personne ne nous avait prévenus, on a vu arriver Antonio Conte au club. Il a serré la main de tout le monde et s'est mis immédiatement au travail. Évidemment, alors que Nuno s'était peut-être renié en gardant notre 4-2-3-1 classique, Conte est passé tout de suite à une défense à trois, et on a commencé par neuf matches sans défaite en Premier League. J'ai découvert un personnage, habité par la victoire, qui lui donne de l'énergie, mais qui a beaucoup de mal à gérer sa frustration quand il commence à ne pas gagner, parce qu'il faut que la souffrance sorte, et que s'il souffre, il faut que tout le monde souffre avec lui, ce qui peut rapidement être compliqué. Il m'a dit un jour que son bonheur, dans une semaine, durait une heure, juste après une victoire, c'est tout. À l'entraînement, il dirigeait tout, organisait des séances tactiques à vide à dix joueurs de champ contre un gardien, mais dans son cadre de jeu restrictif, les joueurs créatifs avaient du mal à se retrouver. Ce cadre avec beaucoup d'automatismes et de repères nous a fait beaucoup de bien d'abord, mais après quelques mois les équipes comprendraient comment jouer contre nous et on aurait plus de mal.

Antonio Conte était aussi extrême et éruptif qu'il semblait l'être, pendant les matches, suscitant du respect et de la crainte. Une forte personnalité qui poussaient les joueurs de couloir à préférer jouer du côté opposé au banc. Je n'ai jamais oublié notre première défaite, en Slovénie, à Mura (2-1), en Ligue Europa Conférence. Même si je ne jouais pas, j'avais eu droit à ses cris et à ses reproches, comme tout le monde, parce qu'avec lui, on passait notre temps en réunions collectives avec vidéo, au moins trente minutes chaque jour, sans oublier les mises au vert interminables au centre d'entraînement. Après Mura, donc, il avait hurlé : « Mura, Mura, c'est qui Mura ?! On a perdu contre Mira ! » Je l'entends encore.

Si un joueur a besoin d'amour, il ne faut pas qu'il aille frapper à sa porte. Pour lui, la confiance se gagne à l'entraînement. Il n'a pas de filtre ; il est sincère, honnête. C'est un entraîneur qui vit uniquement par le résultat, alors qu'on peut s'appuyer sur la performance. Cette saison-là, quand on a perdu 2-3 à Manchester United (2-3, triplé de Ronaldo), un résultat qui ne reflétait pas notre performance, j'avais annoncé à Pierre-Emile Højbjerg et Harry Kane, dans le vestiaire : « Ils viennent de nous battre, mais je vous parie qu'on finira devant eux. » On a fini devant eux, à la 4e place, en faisant souffler une tempête sur Arsenal (3-0), le dernier jour, et en nous situant à mi-chemin de l'exigence de Conte et d'un peu d'autogestion, parce qu'à force de prendre des coups et de l'entendre crier, il arrivait que l'on se bouche les oreilles.

Mais au moins, il suivait une vraie direction. Ce n'était pas facile au quotidien, parce qu'il recherchait la perfection et qu'un nul ne lui suffisait pas, même en jouant bien. Avec lui, il n'y avait jamais un moment moins intense que l'autre. Dès qu'on ne gagnait pas, on savait que la semaine serait difficile. Pourtant, je disais aux jeunes que j'aurais aimé avoir un entraîneur comme ça au début de ma carrière, parce qu'il y a quelque chose à prendre, et à garder, de cette exigence extrême. Il transformait chaque défaite en crise profonde, et avait cette faculté à diffuser de l'anxiété dans la préparation des matches : on n'arrivait jamais légers. Le joueur d'expérience sait ce qu'il faut prendre et laisser, dans la litanie, mais un jeune qui l'écoutait attentivement pendant quarante minutes après un entraînement était complètement rincé. Ce n'était pas facile de trouver de la fraîcheur psychologique à ce régime. Mais il avait réussi, on avait recruté (Bentancur, Kulusevski, Richarlison), et il m'avait fait prolonger à l'automne 2021. Je vais être honnête : à mes yeux, le club ne voulait pas prolonger mon contrat. Sinon, il serait venu me voir pendant l'été, et Fabio Paratici, notre directeur sportif, n'aurait pas fait venir en prêt un gardien italien, Pierluigi Gollini, un type adoré du vestiaire, d'ailleurs, un super mec, très respectueux et un peu foufou. Quand j'ai parlé à Paratici pendant l'été, il a évacué la question : « On se verra dans six mois ». Mais dans six mois, je serais libre. Quand Conte est arrivé, tout a changé. Il m'a dit clairement : « Les rumeurs disent que je veux tel ou tel gardien. C'est faux. Qu'est-ce que tu veux faire ? » Je lui ai répondu que son exigence ne me posait pas de problème et que j'étais à fond avec lui, et en janvier 2022, j'ai exigé une prolongation de deux ans, avec les chiffres qui allaient avec, pour ne pas avoir à me demander ce que j'allais faire à six mois d'une Coupe du monde. Le club a dit oui, mais j'ai bien senti que la confiance venait de l'entraîneur plus que de mes dirigeants.

Les circonstances ont été nombreuses, et exceptionnelles, pour expliquer la fin de l'histoire entre Conte et les Spurs. Pendant la saison suivante, il n'a plus été le même après le décès soudain de notre préparateur physique, Gian Piero Ventrone, disparu en octobre 2022 après une leucémie foudroyante, qui était son ami proche et historique, le seul qui pouvait le raisonner, et vers lequel le coach se tournait quand il avait des doutes. On était 4e en partant à la Coupe du monde, et on le serait encore à la 29e journée. Mais l'équipe n'avait plus d'énergie et le coach perdait patience à la moindre contrariété. On pouvait comprendre beaucoup de choses : il était à l'hôtel, sans sa femme, sans sa fille, son ami était mort, tout était réuni pour que sa vie ne soit pas très équilibrée et qu'il devienne encore plus obsessionnel. Quand il a été malade, opéré de la vésicule biliaire et qu'il est revenu trop vite, contraint par les douleurs à repartir chez lui, il a été marqué par une autre disparition, celle de son ami Gianluca Vialli, le 6 janvier. À partir de ce moment-là, et de manière compréhensible, je ne l'ai pas reconnu. En revenant, il a multiplié les déclarations contre le club, et en mars, alors qu'il était reparti en Italie pendant la trêve internationale, le club lui a demandé de rester là-bas. Son staff était encore à Londres, organisait les séances, mais son adjoint Cristian Stellini allait être à son tour remplacé par Ryan Mason, pour boucler une saison à oublier. Il me restait un an de contrat. Je savais que c'était terminé, que je n'allais plus jamais jouer pour Tottenham. Je ne pouvais pas savoir, en revanche, que les au revoir seraient aussi longs.

XX

La dernière séance

J'ai vécu la Coupe du monde 2022 en profitant de chaque jour, sans me demander si ce seraient les derniers. J'ai pressenti que le vide viendrait bien assez tôt, et j'ai rêvé qu'il attende jusqu'au jour de la finale, le dimanche 18 décembre en fin d'après-midi, à Doha. C'est ce qui me reste, aujourd'hui, de cette journée : la coexistence d'un rêve, d'une douleur et d'un vide, séparés par quelques centimètres, au bout d'une finale de Coupe du monde comme il n'y en a jamais eu. J'ai commencé ce livre par la description de l'après-finale et de mes regrets : je vois bien qu'ils sont toujours là et qu'ils me quitteront lentement, s'ils me quittent un jour.

La Coupe du monde 2022, qui s'est mal finie, n'avait pas très bien commencé. Trop de blessures, trop de polémiques, pas assez de préparation (limitée à deux jours à Clairefontaine). Je me disais : « C'est sûrement ta dernière Coupe du monde, Hugo, profite ! » Mais il m'a fallu avoir bien d'autres choses en tête, avec les polémiques autour du Qatar, concernant les droits de l'homme, les femmes, l'écologie, les droits des personnes LGBT+, qui ont un peu alourdi nos pas. Je sais bien que le capitaine de l'équipe de France a une parole qui porte, et qu'on ne peut pas prétendre nous intéresser seulement au foot alors que nous sommes dans la vie, nous aussi, et que nous avons tous une conscience et des valeurs à défendre. Mais c'est aussi parce que je suis capitaine que je dois faire la différence entre mes valeurs personnelles et nos valeurs collectives. Pour les conférences de presse, je n'ai pas voulu préparer des éléments de langage qui m'auraient mieux protégé des questions, je ne voulais pas réciter un discours mécanique. Alors tant pis, je me suis fait démonter en France dans les débats, pour avoir mal préparé mes réponses et essayé de faire comprendre que je n'avais pas de leçon à donner. Est-ce que nous faisons en France à ce point les choses bien pour qu'on puisse donner des leçons au monde entier quand on est en voyage ? J'aurais peut-être dû aller plus loin, amplifier mes propos, ma défense de certaines valeurs, mais je suis resté prudent parce que je représentais tous les autres, pas seulement moi-même. Je ne pouvais pas porter le brassard arc-en-ciel parce que la FIFA ne nous en a pas laissé la possibilité : aucun capitaine n'a pu le porter. Alors que ma sensibilité me poussait vers la plupart des combats qui étaient défendus, bruyamment, à l'occasion de cette Coupe du monde au Qatar, leur instrumentalisation m'a fatigué. L'hypocrisie m'a fatigué : on a exigé des footballeurs ce qu'on n'exige pas des autres. Quand on a inauguré des institutions culturelles dans les pays arabes, je ne pense pas que les invités français portaient un brassard arc-en-ciel.

À l'intérieur du groupe, les nuages sont venus de l'épidémie de blessures. On avait déjà perdu Paul Pogba et N'Golo Kanté. Pour Christopher Nkunku, touché au genou un soir à Clairefontaine, on a compris tout de suite : l'action, le cri, tout annonçait une longue blessure et un forfait. Pour Karim Benzema, on n'a rien vu venir, parce qu'il avait été ménagé, parce qu'il avait reçu le Ballon d'or trois semaines plus tôt et parce que ce devait être sa Coupe du monde. Après un souci musculaire, il était en phase de reprise et proche d'un retour, s'entraînant à part avec Raph Varane, jusqu'au jour où il a intégré un petit jeu, qu'il a presque immédiatement quitté. À la fin du repas du soir, quand j'ai demandé des nouvelles, on m'a dit qu'il était parti passer des examens. J'ai appris son forfait à une heure du matin, par le message d'un ami, puis en vérifiant l'information sur internet. J'étais choqué, mais je me disais que je le verrais le lendemain matin. Mais quand je me suis levé, il était déjà parti. Cela a été étrange de ne pas même pas pouvoir lui dire au revoir. Mais je n'ai pas porté de jugement, je connais Karim depuis longtemps et je connais sa pudeur. Chacun réagit à sa façon, et personne n'a envie d'afficher sa peine. J'aurais juste voulu le saluer. Je ne crois pas, enfin, à la théorie de joueurs qui auraient été libérés, encore moins heureux, de son absence. La réaction du groupe a seulement été liée à l'essence même de la compétition : on entamait la Coupe du monde trois jours plus tard, et on ne pouvait pas se permettre de s'appesantir, ni de penser qu'on était maudits. Sinon, on aurait également baissé les bras dès les premières minutes du premier match contre l'Australie (4-1), après la blessure qui allait mettre Lucas Hernandez hors compétition. On est programmés pour nous adapter, ne pas nous lamenter, nous appuyer sur des joueurs d'expérience qui n'en sont pas à leur première grande compétition, reconstruire dans la difficulté, créer une autre dynamique et avancer, match après match. On n'a jamais dit ou pensé que c'était mieux sans Karim et les autres blessés. Mais il a bien fallu qu'on soit persuadés, au fond de nous-mêmes, que c'était bien comme ça, et qu'on pouvait tout de même aller au bout. Antoine Griezmann, par exemple, allait se réinventer en devenant milieu, dans le nouveau système en 4-3-3 du coach. Il s'est régalé, complètement libéré. Olive Giroud a répondu présent et Kylian est resté ce joueur hors normes qui allait peser sur tous les matches et presque tous nos buts. Et il y avait ces jeunes et ces joueurs qui disputaient leur première Coupe du monde, comme Adrien Rabiot, Aurélien Tchouameni, Théo Hernandez, ou Dayot Upamecano, qui allait accomplir une grosse compétition.

Le deuxième match contre le Danemark (2-1), qui nous avait battus deux fois dans les six mois précédents, a été notre test, dans ce drôle de stade avec ses 974 containers. On a gagné et on s'est qualifiés, devant Marine et les filles, mon père, sa compagne, Ester, et ma grand-mère. Ils avaient acheté des billets aller, mais pas de billets retour, ce qui était aussi une manière de voir loin. Ni l'Australie ni le Danemark ne nous auront gênés, et pour l'avoir évoqué avec eux, je sais que les Danois ont été perturbés par la pression politique et populaire de leur pays : une Coupe du monde demande tellement d'énergie qu'on ne peut pas en perdre à côté.

On a avancé pas à pas dans la compétition, et la défaite sans conséquence face à la Tunisie (0-1), après le fameux but refusé à Antoine Griezmann, dans une ambiance magnifique, ne nous a pas touchés. On avait l'habitude de ne pas réussir nos troisièmes matches de poule, les seuls dont le résultat n'est parfois pas essentiel, alors que tout le reste l'est, parce que ce rendez-vous permet de jouer, de rester en alerte, de continuer à pousser les titulaires pour pouvoir prendre leur relais le moment venu, comme on l'a vu en finale. J'ai été heureux, au nom du groupe en général et de notre longue histoire parallèle, que Steve Mandanda puisse disputer un nouveau match de Coupe du monde. En 2018, déjà, j'avais reçu l'idée très positivement, d'autant que Steve avait été privé de la Coupe du monde 2014 pour cause de blessure. Le principe est que le titulaire est prioritaire en fonction des besoins, mais un gardien n'entrant jamais vingt minutes, comme un joueur de champ, la question a surtout porté sur la longueur et le bénéfice de la coupure. Cela a été une discussion avec Franck Raviot, l'entraîneur des gardiens, jamais avec Steve. Entre nous deux, ce n'était pas nécessaire. En 2022, la seule nouveauté dans l'équation était l'imminence du record de sélections, mais j'ai gardé exactement la même ligne et le même principe que ce qui avait marché en 2018. Cela aurait été une mauvaise raison de vouloir jouer pour le record, même si cela le mettait en péril. J'étais persuadé que j'allais le battre quand même. J'ai vu que des gardiens titulaires de la Coupe du monde n'ont rien donné à leur remplaçant et j'ai trouvé ça étrange. Franck a toujours fait attention à ce que le groupe des gardiens de but ait une bonne mentalité, à ce que chacun soit attentif à l'autre, et tout au long de ma carrière cela s'est toujours bien passé entre nous.

Pendant la Coupe du monde, j'ai beaucoup aimé mes rendez-vous réguliers avec les enfants de la fondation Lenval, dont je suis le parrain, à l'hôpital de Nice. Pour leur faire vivre la Coupe du monde de l'intérieur, je m'étais engagé à faire un journal de bord une fois par semaine, et finalement, après chaque match, je répondais en vidéo aux questions des enfants. Le montage était diffusé sur les chaînes de l'hôpital et c'était devenu *le* rendez-vous. Je prenais une demi-heure chaque fois. Plus jeune, cela m'aurait peut-être mangé un peu d'énergie et de concentration, mais à bientôt 36 ans, je me connaissais bien, je savais que je pouvais le faire et je pense que c'était bien de le faire. J'ai beaucoup apprécié leurs questions. J'espère qu'ils ont aimé mes réponses.

Je n'ai jamais envisagé que le huitième de finale contre la Pologne (3-1) soit ma 142e et dernière sélection. Je n'allais pas ajouter cette dimension personnelle à la pression énorme d'un match de Coupe du monde à élimination directe. On aura assez bien maîtrisé ce rendez-vous avec nous-mêmes, et avec la grande aventure, parce qu'avec un huitième de finale viennent une autre logique, une autre ambition et d'autres sentiments. Olivier Giroud a marqué juste avant la mi-temps, Kylian a bouclé l'affaire avec deux buts et une passe décisive, et j'ai pris un penalty de Lewandowski en toute fin de match, après avoir arrêté sa première tentative. J'ai fait mon pas un peu trop tôt et je savais, en l'arrêtant, qu'il allait être retiré. J'avais déjà repoussé pour rien un penalty à Leicester, cette saison-là, parce que mon talon, qui était à la hauteur de la ligne, était légèrement suspendu.

Puisqu'on a battu la Pologne, j'ai su que j'allais battre le record de sélections le jour même où je l'ai égalé. Cela a été un sentiment très fort, d'autant que ce record, je l'ai mis en jeu, je n'ai pas calculé, j'ai respecté la compétition, je n'ai jamais cherché à gratter une sélection pendant toutes ces années, j'ai laissé Steve jouer le troisième match parce que c'était ce qu'il fallait faire, et c'était encore plus beau de battre le record de Lilian Thuram, seize ans après, en prenant ces risques-là. Je n'ai pas forcé les choses, mais j'ai toujours pensé que c'était réalisable. Cela validait tant de choses, des efforts, une démarche, une constance. À l'approche de la Coupe du monde au Qatar, j'avais toujours refusé d'en parler, de donner des interviews à l'avance qui passeraient pendant la compétition, et j'avais même renoncé à un documentaire sur le record. Il y avait un peu de superstition, peut-être, mais aussi du respect pour la compétition et ses incertitudes.

Lilian Thuram avait connu 142 sélections. Je me suis arrêté à 145, au soir de la finale de la Coupe du monde. Je sais qu'un jour ou l'autre, j'irai remettre un maillot portant le numéro 146 à l'un de mes anciens coéquipiers, je ne sais pas encore lequel. Ce sera entre Antoine Griezmann et Kylian Mbappé, et ce sera la logique des choses. Je vais essayer d'en profiter encore quelque temps, mais le mouvement est irrésistible : la carrière des joueurs de champ dure de plus en plus longtemps et nous, les gardiens, on n'entre jamais en jeu pour quelques minutes seulement. Si j'étais entré dix minutes chaque fois que j'étais le remplaçant de Steve, j'aurais dépassé les 160 sélections, sans doute. Kylian va le faire très largement, c'est sûr, et la seule question est de savoir si Antoine le fera avant lui.

L'Angleterre a ajouté au cadre majestueux et électrique d'un quart de finale de Coupe du monde. Je redoutais les Anglais : je les connaissais tous et je sentais qu'il était en train de se passer quelque chose chez eux, après une demi-finale de Coupe du monde en 2018 et leur finale de l'Euro 2021. Et mon copain Harry Kane était en face. Après le but d'Aurélien Tchouaméni en première période, c'est lui qui a égalisé sur un penalty évitable. Et après qu'Olive Giroud ait confirmé quel buteur exceptionnel il restait, à 36 ans, c'est encore Harry qui s'est retrouvé face à moi, au même point de penalty, à la 84e minute, à un moment où on vacillait et où on risquait de tout perdre.

Avant le match, en songeant aux penalties, on m'avait dit : « Vous le connaissez bien, c'est une bonne chose… » Eh bien non, ce n'était pas une bonne chose, parce que quand on connaît vraiment bien Harry Kane, on sait à quel point il est capable de changer ses habitudes et de frapper dans n'importe quelle zone avec la même précision, la même force, en faisant la même course d'élan. Je savais quand même qu'il avait une tendance forte à fermer le pied et à croiser fort, surtout dans les grands matches, mais que faire de cette information ? Sur son premier penalty, j'ai pensé qu'il savait que je savais qu'il allait fermer le pied et croiser, je suis donc parti sur ma gauche, et j'ai été pris à contre-pied. Sur le deuxième, la VAR a fait durer l'attente, et je me revois avec Antoine lui demander sa sensation d'attaquant :

« Antoine, il change ?

— Non, je ne crois pas... »

Donc je suis parti sur ma droite, Harry l'a forcément perçu et, dès que le ballon a quitté son pied, j'ai su qu'il allait filer au-dessus du but. S'il avait égalisé, l'histoire aurait été différente, parce qu'on était à la limite de la rupture. Les Anglais étaient impressionnants, dans les percussions, dans le volume.

Au coup de sifflet final, mon premier sentiment a été la joie, une joie pure, absolue ; et le deuxième a été pour Harry. Je suis allé le voir, on s'est donné une accolade, mais il était inconsolable et les mots ne servaient pas à grand-chose. On ne s'était pas envoyé de textos avant le match, mais je le ferais après : « *Je pense fort à toi. J'ai un respect et une admiration immense pour toi. Une part de moi partage la peine que tu peux avoir. Je te souhaite le meilleur. Profite du break, repose-toi.* » Il m'a répondu qu'il me souhaitait le meilleur pour la suite de la compétition, et qu'il n'y avait pas de mot pour le consoler.

C'était ma 143e sélection et j'avais donc dépassé Lilian Thuram, qui était présent dans le vestiaire. On a pris une photo ensemble. Leandro était resté à l'hôtel, mais j'ai battu ce record devant tous les miens, en attendant mon frère qui arriverait pour la finale. Après avoir battu l'Angleterre, j'étais lessivé, déjà. Il m'a fallu quelques minutes pour reprendre mes esprits, pour que retombe la tension nerveuse, après un match aussi difficile et un avant-match pesant, avec cette question qui revenait : « Qu'est-ce que cela vous fait de voir que les Anglais vous considèrent comme le point faible de l'équipe ? » Mais je les connais, et ils avaient cherché Kylian, aussi. On avait répondu sur le terrain, où j'avais notamment gagné un duel face à Harry et sorti une frappe de Bellingham. À la fin, le coach m'a remis un maillot spécial « 143 », signé de tous.

C'était un grand moment, dans le vestiaire, parce qu'on savait tous que c'était un vrai cap, un peu comme l'Argentine en 2018, parce que personne ne croyait en nous, au départ, entre les absences et la fameuse malédiction du champion sortant, dont on nous avait parlé pendant un an. Mais moi, pendant les années qui ont précédé la compétition, j'ai adoré être le champion du monde en titre, et j'ai adoré, au Qatar, être le champion sortant, l'équipe à battre, avec ce badge doré sur la poitrine, « *World cup winner* ». En battant l'Angleterre, on montrait à tous que le champion était encore debout, malgré tout.

Deux jours avant la demi-finale contre le Maroc, le coach nous a réunis et nous a lancé : « Les gars, préparez-vous ! » On s'est dit : « Mais de quoi il parle ? » Il a lancé la vidéo, pour montrer l'ambiance du quart de finale du Maroc, et il a ajouté : « Les gars, préparez-vous à ne rien entendre… » On a adoré cette ambiance, dans le stade Al-Bayt, que j'ai trouvé merveilleux. On va aller en finale avec des joueurs qu'on n'attendait pas deux ans plus tôt, comme Youssouf Fofana, un bon mec, un joueur d'équipe, une personnalité toujours positive, toujours à fond pour un match ou cinq minutes, heureux d'être là. On s'est rendu les choses faciles en marquant très vite grâce à Théo Hernandez et Randal Kolo Muani a éteint le suspense en fin de match. Même si on n'a pas eu vraiment peur, on ne peut pas se qualifier pour une finale de Coupe du monde sans ressentir une émotion immense. J'ai eu beaucoup d'admiration pour le parcours du Maroc, la terre natale de ma grand-mère, et beaucoup de respect pour le travail de Regragui, que j'allais mettre sur ma liste des entraîneurs de l'année, que la FIFA réclame aux sélectionneurs et aux capitaines.

Nous avons passé des bons moments, en groupe, jusqu'à la finale. Après les repas, les soirs de match, on s'autorisait un verre de vin rouge ou une bière légère, Antoine, Olivier, Raph et moi, et le coach aimait bien nous chambrer : « Oh, le club des centenaires ! » Raph n'était pas un centenaire, la finale serait sa 93e et dernière sélection, mais c'était un sympathisant, on pouvait le coopter. On aura vécu tellement de choses ensemble.

J'ai rencontré Raph alors qu'il n'avait que 18 ans et j'ai senti qu'il était là pour longtemps. Posé, calme, intelligent, un vrai raisonnement, un parcours exemplaire, un leader qui assume les responsabilités : si j'ai pu être capitaine aussi longtemps, c'est parce que j'ai pu m'appuyer sur des leaders comme Raph, Olivier, Antoine, Paul, Blaise, ou Kylian sur la fin, parce que je l'ai vu prendre progressivement une place considérable dans l'équipe. J'ai toujours laissé beaucoup d'espace aux autres dans ce leadership. Raph, quand on voit son parcours, son palmarès et comment il est parvenu à gérer ses problèmes aux genoux, c'est exceptionnel, sans oublier le courage, à 29 ans, de prendre la décision d'arrêter l'équipe de France... Pour moi, c'est un grand mec.

Olive a connu un parcours atypique. Il est arrivé sur le tard, et sa faculté de toujours rebondir et de durer est un exemple de force mentale. Chaque fois que tu penses que c'est fini, il revient, il est là, il marque, il bat les records. Les statistiques parlent pour lui. Ce qui nous unit, tous, c'est notre amour du maillot bleu, et toutes les choses incroyables que nous avons vécues ensemble. Je connais les joueurs, et je connais les hommes, les pères de famille, les maris. C'est des grands mecs. Il y a une partie de moi qui admire en tant qu'amoureux du sport tout ce qu'ils accomplissent. Et ce sont des gars qui ont des vraies valeurs, qui ont les pieds sur terre, qui ne sont pas en dehors de la vie, mais au cœur de la société.

Avec les plus jeunes, le respect était là, au Qatar. Je l'ai ressenti quand on a éliminé l'Angleterre et que j'ai battu le record. Ils étaient contents pour moi, ils me l'ont dit et me l'ont montré. Ils étaient des enfants quand j'ai commencé, mais je les ai toujours considérés. J'ai passé plus de temps avec certains, c'est vrai, mais j'ai parlé avec tous.

J'ai mesuré le temps qui passe, aussi, en constatant l'impact de Kylian sur mes propres enfants. Pendant la Coupe du monde, on a fait une photo avec Kylian et les filles, sur notre terrain d'entraînement, et Anna-Rose était presque stressée parce que c'était Kylian, alors qu'on jouait ensemble depuis longtemps et que j'étais son capitaine. Mais je comprends très bien ce qu'il représente pour elles, et ça m'a touché, aussi. J'ai vu l'évolution de Kylian, et on aura parlé ensemble, en février 2022, au moment de son combat pour son droit à l'image, après sa menace de boycott du shooting photo des partenaires. Avant une réunion avec le président, Noël Le Graët, je suis allé voir Kylian dans sa chambre pour lui dire qu'on était avec lui, qu'il fallait que ce problème individuel devienne collectif et qu'on le règle ensemble. C'est ce qu'on a fait. Ce que reprochait son entourage au contrat d'image correspondait à ce qu'on en pensait depuis de nombreuses années : il n'était pas adapté à la nouvelle génération, à l'évolution du foot ni à la place prise par Kylian, et je pouvais comprendre qu'il ne veuille pas toujours être en première ligne, pour tous les sponsors.

La vie de groupe, en phase finale, a toujours été essentielle à la performance, mais aussi à notre plaisir : autant que le palmarès, c'est ce qui restera, plus tard. C'est toujours un groupe qui va en finale. Au Qatar, je me souviens qu'on a essayé d'arracher Benjamin Pavard à sa déception. Il était écarté, s'était peut-être un peu écarté tout seul, je ne sais pas exactement ce qu'il s'est passé, je savais juste que c'était notre rôle de le soutenir, de le garder avec nous.

On n'aura pas connu, au Qatar, l'équivalent de l'extincteur à Istra. Tout est resté plus calme, avec des discussions au bord de la piscine, des barbecues en terrasse. Chacun pouvait avoir ses rituels sans gêner l'autre. Le matin, je descendais au petit déjeuner, je partais faire ma gym, un bain froid pour la récupération, plus tard un petit plongeon avant de passer à table, la sieste sous la clim, bercée par les appels à la prière : je n'ai pas ressenti le besoin de sortir, d'autant que le coach avait rendu possibles les moments en famille. Il n'y a jamais eu de tension parce que la vie était belle, parce qu'on gagnait, et parce que le groupe avait été constitué, aussi, de manière que cela se passe bien.

Mais dans les jours et les heures qui ont précédé notre deuxième finale de Coupe du monde d'affilée, une inquiétude a parcouru nos rangs, ainsi qu'un peu de fièvre. Un virus circulait parmi nous. À ce moment précis de l'histoire, les conséquences pouvaient être tellement importantes qu'il aura été difficile d'échapper à la paranoïa : on s'est forcément demandé d'où venait ce virus. Il n'y avait pas eu de problème jusque-là, il n'y en a pas eu ailleurs et il y en avait un chez nous : Adrien Rabiot allait rester longtemps dans sa chambre, Raph n'était vraiment pas bien et plusieurs joueurs étaient à bout de forces. On avait la sensation de ne pas pouvoir se battre avec tous nos moyens, et pas avec autant de moyens que les autres.

Notre autre sensation, en arrivant au stade, le jour de la finale, était que le stade était argentin, qu'on jouait à l'extérieur, que la terre entière avait envie que Leo Messi gagne, que c'était la meilleure histoire possible pour la FIFA et le Qatar et qu'on n'allait donc pas seulement jouer contre l'Argentine, mais contre tout le monde. Pour que cette Coupe du monde reste historique aux yeux de tous, il fallait que Messi devienne enfin champion du monde. Pendant ce temps-là, on se battait contre un virus qui n'avait touché que nous.

Mais la réalité est qu'on a commencé par ne pas la jouer, cette finale. On est passés complètement au travers. On s'est fait marcher dessus, même si l'arbitrage aura été assez favorable aux Argentins, vu les pains qu'ils nous mettaient. Dès le début, Romero ne m'a pas loupé, il l'a fait exprès et m'a fait vraiment mal, et M. Marciniak n'a rien dit. Cuti, c'est un copain, on jouait ensemble à Tottenham et il habitait la maison d'à côté. Sur le coup, j'étais fou de rage, et je l'ai insulté parce qu'il n'est même pas venu s'excuser. Mais on ne peut pas lui reprocher d'être comme ça, parce qu'il est aussi comme ça quand on joue dans la même équipe. Quand on voit ce qu'il est capable de faire à l'entraînement, on n'a aucun doute sur ce qu'il fera en match. C'est sa façon de jouer et de chercher à gagner avec son équipe. Le problème, c'est qu'il n'ait pas reçu le carton qu'il méritait et qui l'aurait freiné. Dès la fin du match, il est venu me voir, et il était gêné, sincère, mais je lui ai dit tout de suite : « Profite, on en reparlera plus tard. » Que dans un moment d'euphorie comme ça, champion du monde, il soit quand même venu me voir pour me dire : « *Hermano*, je suis désolé », montre que ce n'est pas un mauvais mec. À l'extérieur, ces gars-là sont souvent des tendres, mais à l'entraînement, Cuti pourrait tacler son propre fils.

Je reste persuadé, aussi, que le premier penalty était très léger, et que si l'arbitre ne l'avait pas sifflé la VAR n'aurait pas arrêté le jeu pour l'accorder. Mais le coach a senti qu'on était à la rue, complètement déstabilisés et, à 0-2, juste avant la pause, il a décidé de ne pas attendre pour faire ses changements, en remplaçant Olivier Giroud et Ousmane Dembélé par Marcus Thuram et Randal Kolo Muani. J'étais sonné à la mi-temps, alors Olive a surpassé sa déception pour dire que ce n'était pas fini ; Steve a parlé, Kylian aussi et on est revenus sur le terrain pour tout changer. Dans les faits, pendant une demi-heure, on n'a rien changé du tout. Je ne sais pas si les Argentins ont levé le pied parce qu'ils ne pouvaient pas maintenir la même pression, ou parce que nos jeunes avaient des jambes, mais quand Kylian a marqué son penalty, ils se sont posé des questions qu'ils ne se posaient plus depuis longtemps. Jusque-là, il n'y avait aucune raison de penser qu'on pouvait devenir champions du monde à leur place, et aucune action qui aurait pu nous permettre de l'espérer. Mais entre le penalty et la reprise de Kylian, de 0-2 à 2-2, d'une défaite inéluctable à l'espoir le plus fou, on a vécu la minute trente la plus dingue de l'histoire de la Coupe du monde. À 2-2, cette finale est devenue autre chose, un combat de boxe sur un fil suspendu à cinquante mètres au-dessus du vide.

Lors du *toss*, juste avant les prolongations, pour savoir qui aura l'engagement et qui choisira son camp, l'arbitre allait me dire : « Ils ont cru que c'était fini. » J'aurais préféré qu'il ne me dise rien et qu'il n'arrête pas le jeu, par exemple, pour nous donner un coup franc alors que Kingsley Coman partait en contre-attaque. L'Argentine a repris l'avantage (3-2) juste après la pause : j'étais parvenu à repousser le ballon sur cette frappe à bout portant, et il a fallu qu'il retombe sur Leo. On s'est dit, quand même, qu'on n'était pas revenus à 2-2 pour mourir comme ça, et même si l'arbitre nous a un peu cherchés, parfois, il nous aura tout de même accordé deux penalties. Kylian a transformé le second, encore, et Emiliano Martínez nous a privés d'une troisième étoile en gagnant son duel contre Randal Kolo Muani, à la dernière minute des prolongations. Quelques centimètres, toujours.

Juste avant la séance de tirs au but, j'ai d'abord passé quelques minutes sur le banc, seul. Franck Raviot est venu me voir, on a discuté un peu, mais j'avais ensuite besoin d'être seul. J'avais même besoin de m'asseoir, parce que j'étais entamé physiquement. J'ai pris une serviette, un peu d'eau, un peu de liquide énergétique, et j'ai commencé à réfléchir, à me mettre dans ma bulle. J'ai perdu le *toss*, la séance aurait lieu devant le virage argentin, mais ensuite j'ai choisi de tirer en premier.

Le tableau ne nous était pas très favorable : l'Argentine s'était déjà qualifiée aux tirs au but face aux Pays-Bas, et Lautaro Martínez et Paulo Dybala, deux spécialistes, venaient d'entrer en jeu dans cette perspective. À part Kylian, on n'avait plus un seul tireur sur le terrain. Les gars qui allaient s'élancer n'avaient, pour la majorité, jamais tiré un penalty en club. Nos tireurs étaient soit absents, soit sortis en cours de finale. Olivier Giroud, Ousmane Dembélé et Antoine Griezmann n'étaient plus là.

Kylian a marqué, et je me suis retrouvé face à Leo Messi. Les derniers temps, il avait changé sa course, aimait bien regarder les mouvements du gardien et, en fonction, ouvrait ou croisait. Pendant sa course, j'ai donc fait un petit pas pour me décaler et partir sur la droite, mais le plus tard possible : il m'a manqué quelques centimètres. Après, Kingsley Coman a raté le sien, et Dybala s'est avancé. Je connaissais sa préférence : croisé et fort. Mais Martínez expliquerait plus tard qu'après avoir arrêté le tir au but de Kingsley, il avait conseillé à Dybala de tirer au milieu : « Quand je fais un arrêt dans une séance, la pression est sur l'autre gardien, donc il va plonger. Surtout dans une finale de Coupe du Monde. On ne veut pas avoir l'air stupide en restant debout au milieu. » Dybala a frappé au milieu, et franchement, elle n'est pas passée loin de mon pied. Il m'arrive de la sentir passer, encore. Ensuite, quand Aurélien Tchouaméni s'est approché, et Martinez est allé beaucoup trop loin… J'ai dit, au début du livre, ce que j'en pensais, et combien la FIFA a donné tort à M. Marciniak, finalement, en modifiant son règlement pour qu'un arbitre ne permette plus à un gardien de telles tentatives de déstabilisation. Quand Aurélien a manqué sa tentative, j'ai compris qu'il me fallait en arrêter deux pour égaliser, trois pour gagner. J'ai touché le ballon sur celui de Paredes, et ce qui m'a manqué, ce temps de réaction infime, est né du doute qu'il puisse tirer au milieu, lui aussi. Derrière, Kolo, fort au milieu, a montré comment il fallait tirer. Il restait Montiel, qui n'avait pas de pression, parce que l'Argentine était assurée d'avoir au moins deux balles de titre mondial. J'avais vu sur les vidéos qu'il aimait bien ouvrir, surtout après une longue course. Et là, il a croisé. L'Argentine était championne du monde.

Après, un voile m'est tombé sur les yeux. J'étais K-O et je me sentais seul, au milieu de l'euphorie des Argentins. Il fallait rester sur la pelouse pour un protocole beaucoup plus long que prévu, tout voir, tout endurer. J'ai ressenti douloureusement les centimètres qui nous ont manqué, et ma responsabilité de gardien. Dans les séances de tirs au but, il n'y a pas de zone grise, ni raisonnable, pour les gardiens : on est des héros, ou rien. Pendant la Coupe du monde, ma responsabilité aura été lourde, parce que j'étais gardien, parce que j'étais là depuis longtemps et que le temps n'entraîne pas l'indulgence, et parce que j'étais capitaine. Tout ce qui avait pu multiplier le bonheur, quatre ans plus tôt, à Moscou, a multiplié la déception, au Qatar. J'étais gardien, j'aurais dû faire quelque chose, et capitaine. Les soirs de victoire, je ne me suis jamais senti plus gagnant que les autres, mais les soirs de défaite, je me suis toujours senti un peu plus perdant.

Aujourd'hui encore, il faut applaudir l'Argentine et essayer de se souvenir qu'il reste exceptionnel de se qualifier pour une finale de Coupe du monde, quatre ans après en avoir gagné une. Mais on n'avait aucune chance de se remettre de ces émotions. Même ceux qui l'ont gagnée, cette finale, ne s'en sont pas remis facilement. Alors, ceux qui l'ont perdu…

XXI

La vie, après

Pendant les dix mois où je n'ai pas joué, j'ai eu le temps de penser à ce que sera ma vie quand je ne serais plus footballeur. Et puis nous avons signé au Los Angeles FC, et je suis redevenu totalement footballeur pour une, deux ou trois années de plus. Je ne suis pas pressé de prendre ma retraite de joueur et je ne suis pas pressé, non plus, d'avoir à me poser la question de l'après. Quand elle viendra, j'aurai un peu plus de réponses, peut-être.

Je dis « nous avons signé » parce que je ne suis pas parti tout seul. Nous vivons désormais à Los Angeles tous les cinq, dans une maison du quartier d'Encino, avec un jardin et une piscine pour profiter du soleil, que nous n'avions pas à Londres. Tous les matins, presque à la même heure, je pars à l'entraînement du LAFC, à l'est de la ville, pendant que Marine emmène Anna-Rose, Giuliana et Leandro à l'école. Nous avons fait le choix de cette nouvelle vie tous ensemble. Marine dit que « la maison, c'est partout où nous sommes tous les cinq ». C'est exactement ça.

Mais ce n'est pas une préretraite à 37 ans, c'est une carrière compétitive qui continue ailleurs, autrement. Le LAFC veut remporter le titre américain, moi aussi. Je ne peux pas ne pas m'entraîner à fond, ne pas jouer à fond et ne pas détester la défaite. Je vais donc continuer, ici, à vivre ma passion à 120 % et à refuser de perdre, dans un club dont j'adore la dimension humaine et familiale. Je vais pouvoir tout partager avec Marine et les enfants. Je veux que nous nous fassions de beaux souvenirs, ici, tous ensemble.

Je suis à Los Angeles et j'ai quitté Tottenham sur un au revoir comme je le rêvais. Après douze ans et 447 matches pour les Spurs, Daniel Levy m'a offert une sortie que je n'oublierai pas. Sur un plan contractuel, d'abord, puisque son élégance, dans la résiliation de mon contrat, m'a permis de choisir le LAFC sans me soucier du plus petit salaire de ma carrière depuis mes jeunes années niçoises. Et sur le plan humain, il a fait en sorte que je dise au revoir à la mi-temps d'un match des Spurs, le 31 décembre 2023, après un déjeuner chaleureux et touchant en sa compagnie. Le monde est bien fait, finalement. Je sais bien que l'automne m'a été difficile, voire pénible, mais si j'étais parti plus tôt, par exemple l'été dernier dans un club européen qui ne m'offrait aucune garantie ni de challenge intéressant, les planètes n'auraient pas été aussi bien alignées.

Nous vivons loin de la France, pour quelque temps, et il est possible que j'aie un peu plus souvent encore l'envie de me retourner. J'ai longtemps pensé que si je lâchais prise, si je regardais derrière moi au lieu d'être tourné totalement vers le match suivant, j'en paierais le prix. Désormais, il me semble que je peux faire deux choses à la fois, apprécier ce que j'ai fait et être concentré sur ce que j'ai à faire. Avec l'âge, je commence à me défaire un peu de ma dureté envers moi-même. Plus jeune, après une défaite, je ne dormais pas, je remâchais, j'analysais tout. Avec l'âge, je parviens à trouver moins difficilement le sommeil après les matches. Même à l'entraînement, une mauvaise séance pouvait me rendre dingue, contre moi-même ou un coéquipier ; ça me rongeait. Mais je sais, aussi, que cette insatisfaction a toujours été ma force. J'ai été comme ça dès le départ, parce que je savais exactement ce que je voulais. Quand mon grand-père, qui avait entretenu cette exigence, est parti, la petite voix est restée, et ce tempérament, cette rigueur, cette absence de demi-mesure viennent aussi de mon éducation et de mes parents, je m'en rends compte aujourd'hui. Adolescent, quand je perdais le dimanche, c'était la journée du lundi au lycée qui m'aidait à guérir. Je n'aurais jamais pu être dans un centre de formation et être à 100 % dans le foot ; j'ai eu besoin du lycée et des amis pour me ramener dans la vie et me changer les idées.

Nous avons tous fait des sacrifices. Mes parents en travaillant. Ma sœur en partant suivre ses études loin de nous. Moi en partant. Gautier en restant. J'aurais aimé passer plus de temps avec eux, et mieux soutenir mon frère après le décès de ma mère. Il y avait la distance en kilomètres et celle de la pudeur : chez nous, il faut voir les signes plutôt que d'attendre les mots, qui risquent de ne pas venir.

Pendant que je ne jouais plus, j'ai pu à mon tour me déplacer pour aller encourager Gautier au Havre. Lui sur le terrain et moi dans la tribune, avec mon père. Je me souviens qu'en octobre 2012, alors qu'on m'interrogeait sur sa première fois sur la feuille de match, dans un match de Coupe de la Ligue contre l'OL, j'avais répondu qu'il avait surtout son bac S à passer.

Il est arrivé en pros plus jeune que moi encore, et lui a eu son bac avec mention. Je l'admire, mon frère, d'avoir surmonté autant d'obstacles. Je crois aussi que ça n'a été facile d'être le « frère de ». D'ailleurs, sur son maillot, il y a marqué « *G. Lloris* ». Je ne lui ai jamais demandé pourquoi, mais j'ai une idée, bien sûr. Il a connu tellement de blessures, et il est tellement brillant sur le plan scolaire, qu'on se demandait avec mon père s'il ne fallait pas se résoudre à le voir réussir ailleurs, dans un autre domaine. Il aurait réussi n'importe où. Mais dans le foot, il n'a jamais rien lâché, alors que chaque fois qu'il sortait la tête de l'eau, une nouvelle blessure le faisait replonger, au Gazélec Ajaccio, à Nice, à Auxerre aussi, où il s'était blessé le jour de son anniversaire, en juillet, pendant mes vacances, alors qu'on lui avait fait la surprise avec mon père et ma grand-mère. Incroyable histoire : pendant l'échauffement, il découvre qu'on est là, on le salue des tribunes et, pendant le match, il se fissure le métatarse. On a passé son anniversaire aux urgences. Je me suis parfois demandé ce que j'aurais fait à sa place, si j'aurais résisté à tout ça. Mais je suis derrière lui : j'ai toujours fait en sorte de regarder ses matches, même quand j'étais loin et qu'il jouait en jeunes, je regardais les résumés en streaming sur le site de l'OGC Nice. Aujourd'hui, c'est plus facile, puisqu'il passe à la télé. Si je n'arrive pas à le voir en direct, je regarde les résumés.

Puisque ma carrière continue, je regarde derrière moi sans nostalgie. C'est un sentiment tout neuf, pour moi, de me retourner. Je vois les hommes, les clubs, le titre de champion du monde, les records, mes trois nominations au Ballon d'or en 2016, 2018 et 2019, des souvenirs que je garde au fond de mon cœur, dans un coin de ma tête et dans quelques tiroirs. Quand je vais chez ma grand-mère, il m'arrive de regarder tout ce qu'elle a conservé dans mon ancienne chambre où je travaillais après l'école, mes maillots, mes premières coupes, ma médaille de champion d'Europe des moins de 19 ans, une médaille de meilleur gardien du tournoi de Toulon… plein de choses. Chez moi, il n'y a rien d'étalé ni d'ostensible, je n'ai pas besoin de montrer. Mais un jour, j'encadrerai sûrement des maillots importants, dans certaines pièces, peut-être un maillot de mes quatre maisons, Nice, Lyon, Tottenham et l'équipe de France, parce que cela fait partie de moi. Je penserai aussi à faire une place pour le LAFC. Pour l'instant, je stocke, j'ai une malle remplie de maillots, le jaune du barrage contre l'Irlande, les maillots des gardiens qui m'ont inspiré, Buffon, Casillas, Barthez, Júlio César, celui du Real que

José Mourinho m'avait offert, et j'ai une autre malle pleine de paires de chaussures et de gants. Je donne beaucoup, à des amis, à des associations, mais j'en garde pour moi, aussi. Je regrette, au passage, qu'on puisse si difficilement acheter nos maillots de gardien dans les boutiques des supporters. C'est notre vie : tout le monde dit « Allez les Bleus », mais nous, on ne joue jamais en bleu.

Je me suis préparé à l'après, au moins, en étant raisonnable depuis toujours. Quand j'étais petit, ma grand-mère, qui aura eu de très bonnes notes en arts plastiques pendant toute ma scolarité et celle de mon frère, m'avait fait une tirelire avec une boîte de tennis, qu'elle avait entourée d'un papier pour faire joli, avant de découper une fente sur le couvercle pour mettre les pièces. J'ai toujours mis de côté. Au fil du temps, j'ai commencé à m'intéresser aux placements, à la gestion de mon patrimoine et mon père a été de bon conseil, bien sûr. J'ai touché à tout, investissements financier ou immobilier avec Pierre et Aude, mes avocats, start-ups, des projets divers, comme avec MyCoach et Cédric Messina, où le côté humain m'est essentiel.

Mon expertise se situe dans le foot, c'est ma vie depuis l'enfance, mais je n'ai aucun souci à l'idée de devoir me réinventer. J'imagine que j'ai gagné du temps à côtoyer des entraineurs et des présidents de haut niveau. Je préfèrerai toujours l'effort et le terrain, mais j'ai aimé être confronté à ces situations, faire moi-même les démarches, négocier moi-même mon salaire ou les primes de l'équipe avec les autres cadres. On grandit plus vite dans ce métier, où on est éduqués à la méfiance. Dès que j'ai commencé à gagner de l'argent dans le foot, je me suis dit que j'allais tout de suite mettre de côté pour en profiter plus tard. Finalement, je n'ai pas été obligé d'attendre. Quand je vois les difficultés de quelques anciens joueurs, je me dis qu'il faut rester raisonnable, et ne surtout pas imaginer un mode de vie qu'on ne pourrait pas conserver. Dans tous les cas, le sport ne sera jamais loin de moi, que ce soit le tennis, le padel ou le ski.

Je me pose forcément la question d'un avenir dans le foot. Je ne peux pas savoir, encore, dans quelle mesure j'aurai encore besoin de cette adrénaline qui m'a manquée quand je n'ai pas joué pendant dix mois. Je ne m'imagine pas consultant de manière régulière, mais sur une grande compétition, pourquoi pas ? Avoir un pied dedans, revenir parfois, s'habituer à partir un peu, quand même, ou ne plus jamais partir : j'ai envie de trouver un bon équilibre, en voyant les enfants grandir, en étant là pour les accompagner jusqu'à l'âge adulte, même si on m'a prévenu que ça continuerait après, que ça n'arrêtait jamais.

Entraîneur, je ne sais pas. Il y a des jours où la fonction me tente, mais où l'idée de vivre le foot vingt-quatre heures sur vingt-quatre me freine un peu. Je n'ai jamais sous-estimé le rôle d'un entraîneur ni le temps, l'énergie et les sacrifices que cela implique. Ce sont des aspects que je dois considérer, et je ne suis pas certain d'être prêt pour ça. Pour l'instant, je me dis que cette vie de fou n'est pas pour moi. Mais il y a d'autres fonctions dans le foot, d'autres destins possibles : l'idéal, à mes yeux, serait d'avoir ou de faire partie d'un club et de le façonner, sur le terrain et au-dehors. Je veux avoir une responsabilité, je ne veux pas rester dans le foot en étant passif. En attendant, surtout si je suis encore à Los Angeles, j'ai bien envie de postuler pour commenter la Coupe du monde 2026 aux États-Unis, au Mexique et au Canada. J'ai disputé les quatre Coupes du monde précédentes, et je serai presque à la maison. Dans tous les cas, on ira voir les matches de l'équipe de France en famille, comme avant. Je ne serai plus sur le terrain, mais au milieu des miens, et ce sera beau aussi.

L'équipe de France, la Coupe du monde et la famille, ensemble, sont parmi mes plus beaux souvenirs. Je regarde souvent cette photo, dans les minutes qui suivent la finale 2018 et notre titre de champions du monde. C'est une de mes photos préférées : Anna-Rose, Giuliana et la Coupe du monde dans mes bras. Avec mon fils Leandro, ce sont mes plus beaux trophées. Je me souviens de la pluie, des confettis et de la chaleur d'orage, juste avant qu'il n'éclate. Je me souviens du bonheur.

Cet ouvrage a été composé
par PCA
et achevé d'imprimer sur Roto-Page
par l'Imprimerie Floch à Mayenne
pour le compte des Éditions Stock
21, rue du Montparnasse, 75006 Paris
en mai 2024

PAPIER CERTIFIÉ

Stock s'engage pour l'environnement en réduisant l'empreinte carbone de ses livres. Celle de cet exemplaire est de :
500 g éq. CO_2
Rendez-vous sur www.editions-stock-durable.fr

Imprimé en France

Dépôt légal : juin 2024
N° d'édition : 01 – N° d'impression : 104922
65-07-0262/8

L'enfance d'un gardien de but, au Cedac de Cimiez.

Avec mon grand-père, dans l'appartement de mes grands-parents qui aura été mon autre refuge. À cette époque, déjà, il annonçait à ses amis que son petit-fils jouerait en équipe de France, un jour.

Une de mes photos préférées avec ma mère, qui nous a quittés en 2008.

J'ai longtemps hésité entre le foot et le tennis. La photo ne ment pas : je suis gaucher au foot, mais droitier au tennis.

Hugo, Sabrina, Gautier : la fratrie sur les galets de Nice. J'aurais aimé que l'on passe plus de temps ensemble.

Nous avons construit avec Marine une famille magnifique. Avec Anna-Rose, Giuliana et Leandro, nous vivons à Los Angeles une nouvelle aventure, tous ensemble.

Quatre générations de Lloris, avec mon père, et mon fils Leandro dans les bras de ma grand-mère, le roc de la famille.

Au-dessus de la mêlée et de William Gallas dans l'un de mes grands matches avec les Bleus, le barrage de Coupe du monde contre l'Irlande, en 2009, sous le regard de Bacary Sagna.

Nous n'avons pas gagné de trophée avec Tottenham, mais j'ai adoré les années passées aux Spurs avec Mauricio Pochettino. J'ai gardé une relation forte avec lui et l'entraîneur des gardiens, Toni Jimenez.

© Mao/L'Équipe/Presse Sports

Ma première fois au Stade de France, avec l'OGC Nice, à 19 ans, en finale de la Coupe de la Ligue 2006 face à Nancy (1-2). Avec Fanni, Bellion, Traoré, Abardonado, Echouafini (debout), Varrault, Vahirua, Balmont, Rool et Koné (accroupis).

Le club des gardiens champions du monde, avec Steve Mandanda et Alphonse Aréola, autour de Franck Raviot, qui a toujours été là pour nous. Le staff a été très important dans ces conquêtes, des kinés jusqu'à Momo Sanhadji, l'officier de sécurité, un confident pour tous.

©Christophe de Prada/Presse Sports

Joël Bats a été un exemple, un mentor et il reste un ami. J'ai adoré mes années lyonnaises avec lui. Il m'a aidé en tant que gardien, et en tant qu'homme. Je suis à peu près sûr qu'on ne parle pas de football, ici.

© Alexis Réau/L'Équipe/Presse Sports

J'ai passé plus de onze ans en équipe de France avec le coach, Didier Deschamps. Il a été le capitaine des champions du monde, lui aussi, et j'ai été son capitaine à mon tour. Cette photo reflète aussi sa relation avec ses joueurs.

© Franck Faugère/Presse Sports

Sans doute mon arrêt le plus célèbre, lors de France-Uruguay (2-0), en quart de finale de la Coupe du monde 2018. On m'a souvent offert cette photo, sous tous les angles.

© Pierre Lahalle/L'Équipe/Presse Sports

Le 9 juillet 2018, sous la pluie et les confettis de Moscou, j'ai eu le bonheur de soulever en premier la Coupe du monde. Le rêve absolu de tous les joueurs.

Giuliana, la Coupe du monde et Anna-Rose dans les bras : l'image du bonheur, devant Kylian Mbappé.